张三疯 著

高效商业系统

创业者必须掌握的

商业知识框架和公司运营模型

Efficient Business System

企业管理出版社
EMPH
ENTERPRISE MANAGEMENT PUBLISHING HOUSE

图书在版编目（CIP）数据

高效商业系统：创业者必须掌握的商业知识框架和公司运营模型 / 张三疯著 . —北京：企业管理出版社，2022.4

ISBN 978-7-5164-2559-6

Ⅰ . ①高…　Ⅱ . ①张…　Ⅲ . ①企业管理 – 创业 – 研究　Ⅳ . ① F272.2

中国版本图书馆 CIP 数据核字（2022）第 032339 号

书　　名：高效商业系统：创业者必须掌握的商业知识框架和公司运营模型
书　　号：ISBN 978-7-5164-2559-6
作　　者：张三疯
策划编辑：侯春霞
责任编辑：侯春霞
出版发行：企业管理出版社
经　　销：新华书店
地　　址：北京市海淀区紫竹院南路 17 号　　**邮编**：100048
网　　址：http://www.emph.cn　　**电子信箱**：pingyaohouchunxia@163.com
电　　话：编辑部 18501123296　　发行部（010）68701816
印　　刷：河北宝昌佳彩印刷有限公司
版　　次：2022 年 4 月第 1 版
印　　次：2022 年 4 月第 1 次印刷
开　　本：710mm × 1000mm　1/16
印　　张：15.5 印张
字　　数：217 千字
定　　价：68.00 元

自　序

十多年前，年轻气盛，意气风发，一心想建立自己的商业帝国。然几经创业，终以惨败收场。失败不可怕，可怕的是失败了都不知道自己为什么失败。故潜心研究商业十余年以寻找答案。最终，从对商业不太懂，到懂一点；从以为懂了，到发现其实还是不懂；再到一次次冲破迷雾，接近商业真知。那种感觉就好像练功升级，每次都感觉自己上了一个台阶，最终打通任督二脉。

十年磨一剑，我终于找到自己创业失败的真正原因，绝不是什么合伙人不和睦、团队不给力、产品研发失败等。这些都是我以前从表面上总结的失败原因，现在看来，这种总结对下一次创业的帮助并不大。这种水平的总结，也只能说明自己对商业这件事还是没有深刻的认知。

真正的答案是：一方面，自己对商业没有本质的、系统的认知；另一方面，自己当时处于一个思维固化的阶段。说到底，自己还没有成熟，没有能力突破认知壁垒，自己被自己的认知束缚了，而这样的束缚不可能让自己认清商业的本质。一个既驾驭不了自己，又驾驭不了商业的人，创业怎么可能不失败？

这些失败的原因看似很简单，但是找到这些原因，其实是一个极其痛苦的、认知蜕变的过程，是一步步艰难地将零散的商业知识打造成系统框架、思维模型的过程。

一方面是对自我认知的破壁。没有经历惨痛的失败，那个厚厚的自我保护的壁垒是几乎没有突破的可能性的。从这个角度来说，我们要感谢那些失败，尤其是特别惨痛的失败。只有惨痛的失败才能让一个人痛苦地反思，否定当下的自我，寻求新的出路。在实现认知破壁后，人生就好像打开了一片完全不一样的天地，从而能够拨开团团迷雾，最大限度地做出正确的选择。

另一方面，商业系统框架的建立是一个艰难的过程。市场上很少有专门讲授“商业系统”的课程，商学院为了教学便宜，将商业这个整体进行了模块化的拆解，但常常忘记最终给我们一个整体的交付。这些单一的、模块化的课程各自突出各自的重要性，正所谓“王婆卖瓜，自卖自夸”。谁都说自己的东西好，谁都强调自己的知识在商业中的重要性，但这极其不利于我们对商业进行整体的认识和把握。

从知识商业化的角度来说，“商业系统”研究是一个吃力不讨好的活儿。一是这个系统太庞大，研究起来费时费力；二是商业系统涉及“道”的层面的内容较多，不像专业课程那样“术”的内容较多，感觉没有那么实用。当然，这并不是说，我们接下来所要探讨的商业系统是一个纯粹的“道”的层面上的东西，那将是毫无意义的，我争取每提供一份“美食”，顺带将如何吃到这份“美食”的工具一并给到你。

人们往往是实用主义的，最好是你别说那么多，直接给我一颗神奇的“大力丸”就好。但是，我认为，对于一个创业者而言，“大力丸”没有任何意义，也不可能有“大力丸”。只有真正地理解和掌握商业系统，才有可能实现创业成功。所谓“授人以鱼不如授人以渔”，越懂得这个道理，我就越觉得自己必须把这套商业系统尽量地呈现出来，分享给更多的创业者。

顺便说一句，作为创业者的我们，一定要付出比多数人都要多得多的努力，掌握多数人都不掌握的技能，只有这样才有成功的可能性。我们不能依靠别人，指望轻易就得到什么“大力丸”这样的东西。当然，我说这样的话，并不是让作为创业者的你什么都自己去做，不依靠别人，而是要告诉你，有些重要的东西必须自己掌握，在掌握这些东西的基础上，再去依靠他人，这样的依靠才是可靠的。

虽然受各种条件的约束，我自己已经不具备再次创业的机会，至少当下不具备。但是，我庆幸最终通过反思自己的失败，将自己对商业系统的认知总结成一套商业模型，而这套商业模型有可能帮助到更多的人。

这套商业模型的核心是“系统”两个字。一名创业者一定要对你将要进入的商业世界有一个系统的认知，如这个商业系统内部包括哪些要素，各个要素的核心点是什么，要素与要素之间的关系是什么，各个要素在整体中处于什么位置，这个系统是如何运转的，如何通过对系统的打造提升创业成功的概率。这才是你应该关注的，而绝不是花大量时间在“术”的层面上，去研究产品、营销、销售等点状方法论层面的商业知识。方法论层面的工作是要交给专业的人来完成的，而作为创业者的你，最重要的是明白这个系统的运作逻辑。要打造自己的高效商业系统，抓住系统中必须由自己亲自实施的部分，如趋势判断、战略定位、商业模式定位、营销定位、寻找人才等，从而大幅度提升自己创业成功的概率。

回头看看以前勇于创业的自己，只能用“无知者无畏”来形容。那时的自己对商业没有应有的认知，以为自己足够聪明就一定能够成功。在创业初期，凭借自己对营销的一点认知，尝到一点小甜头，就认为自己简直是商业天才，就想迅速大力扩张自己的商业版图，对商业完全没有敬畏之心，最终创业的小船倾覆在浩渺的商业大海之中，连一朵浪花都没有激起。自己这种管中窥豹、一叶障目的自大，一步步将自己带向失败的深渊。说到底，还是认知不够。用现在时髦的话说，凭运气赚的钱，往往会凭实力亏掉。自己的才华完全撑不起自己的梦想。这是一个认知取胜的时代，再也不是单凭勇气和运气就可以成功的时代了。

希望你能够有先见之明，避免像我一样，要尽量减少那些血淋淋的惨痛的失败。至少经历失败之后，能够尽快找到正确的商业道路，而这也是我写这本书的目的所在。

在正式介绍这套商业系统之前，我希望你树立以下几个观念：

商业是一个极其专业的领域。尤其是随着商业竞争越来越激烈，商业开始变得越来越专业，再也不是谁都可以轻易进入的领域了。请尊重这门专业，一定要心生敬畏。

商业是一个整体系统。由于这个系统过于复杂，人们在理解的时候按照教学分科的方式将商业进行了“肢解”，分为组织、管理、战略、绩效、产品、营销、商业模式等，好像相声《五官争功》里的脑、眼、耳、鼻、嘴，各说各的重要。但实际上它们是一个系统整体，离了谁也不行。在这个系统里，当然也有司令部，它的地位一定是高于其他系统部分的。长时间学科化的商业教学，只能让我们像盲人摸象一般，只知局部，而不知整体，尤其是对于整体商业系统的底层逻辑关系缺乏深入理解。因此，建立对商业的系统认知就成为当下创业者的重中之重。

创业成功是一个小概率事件。别说是创业的门外汉，即便是创业方面的专家，也不能百分之百保证创业成功，只能保证尽量提高一点创业成功的概率。商业是一个复杂系统，不是简单地输入什么就一定能输出想要的结果。影响商业成败的因素、条件过于复杂，抓住那些关键的因素和条件可能让你通往成功，但是忽略那些看似不重要的因素和条件，也极有可能让你翻船。

另外，我也想让你知道，我的这套商业模型不一定完全正确，一定存在不少瑕疵。因为我相信世界上没有任何学问是绝对正确、完美无瑕的。但是它是我用了10多年的时间，在众多前辈研究的基础上，一点点通过多次迭代打磨出来的。相信以后随着我认知的升级，这套模型还会不断升级迭代，越来越趋于完善。如果书中有表述不正确的地方，欢迎你向我指正，与我一起探讨。

这套模型也受本身框架的约束。比如，我用三角形这个框架将各个商业内容进行了安排，但是有的商业内容用三角形这个框架表达可能不够，于是就需要进行一些合并、精简，从而体现最重要的三点内容。但我想这可能也是一个优势，因为从人类认知心理的角度看，三点以内是容易理解的。如果将一件事情表达为八个要点、九个重点，则人们既不容易记忆，也不容易理解。从另外一个角度来说，这种复杂的表述也往往说明对事物的本质还不理解。

比如，我看到某本书中说“营销获利”有“33个基本法则”。试问：如果执行某件事情要遵守“33个基本法则”，这件事情怎么能干得好？或者说，这么多的法则对读者到底有什么意义？而我要做的事情，就是把这些表面的枝叶砍掉，回归到事物的根本。只有抓住事物的根本，你才能真正理解一件事情，而那不被那些事物表面的东西所迷惑。

最后，我想说，我的个人经历没有什么耀眼的光环，所以没有办法利用光环效应来影响你，让你最终打开这本书品读一番。我有的只是自己多次创业失败的经历，以及为失败交几百万学费，并用10多年的时间，不断反思、学习、总结而获得的认知。

你可以质疑这套商业模型，但是我希望这种质疑是你在接触和了解过之后，而不是说什么一个失败的人，一个没有经商成功经验的人，凭什么给我讲商业系统。这也正反映出我们人性的弱点，总是迷信各类成功，而往往正是这种迷信阻碍我们获得真正成长的机会。要知道，管理大师彼得·德鲁克并没有亲自成功经营过任何一家企业，他一生有的只是著书、授课，但这并不妨碍他成功地帮助过很多企业家。还要知道，一个成功企业家的成功往往无法复制，即便是他自己。

目　录

第一篇

建立你的商业知识框架

第一章

商业系统概述：给你一张完整的商业知识地图

过去，我们每去一个新的城市，一定会找一张城市的地图，先对城市有一个大概的了解，然后再去规划自己的出行路线。现在，人们有了导航，看似方便了，但却失去了对整个城市的了解，以至于有时候导航把你带到沟里，你都浑然不知。

学习也是一样，一定要拿到一张完整的“地图”，对全貌有一个大概的了解，知道要去那里，怎么去，做到心里有数。只有这样，才不至于被“指路”的“大师”们所误导，而自己还浑然不知。我们需要大师们指路，但前提是我们自己有正确的底层认知，否则每次大师们的指路都可能是给我们的“毒丸”。

本章一项重要的任务，就是给你一幅商业世界的全景地图（见随书附赠大图）和一套正确的商业底层认知。它看似复杂庞大，但是我通过太极思维加三角形结构的基本模型框架，将其内在要素和关系做了最大限度的简化，以便于你去理解。

另外需要事先说明，这个商业地图只是一个商业知识框架，并不是我最终要交付给你的高效商业系统模型，真正的商业系统模型我会在最后的章节交付给你。虽然这套商业知识框架不是最终要交付给你的高效商业系统模型，但它却是你建立高效商业系统模型的底层知识框架。只有这个底层知识框架建立起来了，才能帮助你建立商业系统模型。

接下来就让我们一起走进这个商业地图，将过去被割裂的商业知识串联起来。建议你阅读该部分内容时，对照我们随书附赠的大图进行思考。

第一节　商业的起点：创业初心

商业地图的起点是那颗位于地图中央的红心，它是你创业的初心，是你创业的动因。所有的因素都将围绕你的一个执念而形成因缘聚合。

那么，你为什么选择走上创业这条路？你的初心、动机是什么？

每个人都有自己的原因。有人单纯因为喜好，有人源于一个灵光乍现的创意，有人因为看到一个商业机会，有人幻想成就一个自己的商业帝国，有人可能只是因为不愿意输给身边的某个人，也有人只是迫于生活，为了挣点钱……不论初心是什么，在商业这条道路上都有通向成功的资格，也都无可厚非。

但不同的初心，可能在创业道路上带给你不一样的影响。

因为喜欢而创业，要注意喜好的内在驱动力被创业耗尽，这样不仅创业成了痛苦，还丢了自己的一个喜好。

因为金钱而创业，要注意因利而聚，也会因利而散，个人或团队没有更高尚的目标，想要长久是一个大问题。

因为机会而创业，要注意“移情别恋”，当更大的机会出现时，你是守住这个机会，还是转向下一个机会？

因为成就而创业，要想好你到底是喜欢创业的过程，还是喜欢创业成功的结果，如果喜欢甜蜜的结果，你要想好自己能否承受过程中的痛苦。

因为攀比而创业，要注意不可把心一直放在别人身上，尤其是在经营过程中，不能时刻在意别人的动作而失去自己的方向。

最好的初心是什么？我想，是帮助他人、成就他人的初心，这是商业哲学、人生哲学的真谛。管理学家彼得·德鲁克说：“企业是社会的器官。”任何一个组织机构都是为了某种特殊目的、使命和履行某种特殊的社会职能而存在的。企业存在的真正价值是满足社会某方面的需求，解决社会某方面的问题。这才是一个最好的初心。这样的初心才可能感召自己、感召他人，才值得我们全身心地投入。

以上这段话，我想很多人可能不太理解，甚至觉得都是空话、套话。但它却真正契合了商业的本质——满足社会的需求，也就是帮助人们解决面临的某种问题。很多时候驱动你去做某件事的动力因，就是满足人们的某种需求，帮助他们解决某个痛苦的问题。帮助人们解决问题，能够让自己获得一种巨大的成就感。

至于很多人关心的挣钱，本质上也只是解决某个问题带来的自然而然的结果。既然只是一个自然而然的结果，你怎么可以本末倒置，求果而不求因呢？

所以，最好的初心是那个感召你自己的缘由，更是感召优秀的人舍弃现有的成功来与你共创你所描述的那个美好未来的缘由。那就是帮助他人、造福社会，而这源于你的一颗充满善意的心。

最好的初心是什么？是一颗赤子之心，纯洁而透明，容不得半点玷污。

最好的初心是什么？是路遇坎坷、荆棘，甚至走到山穷水尽，仍然能够让你坚定地走下去的支撑。

最好的初心是什么？是你出发的起点，也是你将要去往的终点，更是你路上走的每一步。

但愿你踏上征程，不做一个背信弃义之人，不做一个口是心非之人，不做一个见利忘义之人……

不忘初心，方得始终。初心最重要的意义是：你内心最初的出发点决定了日后行为的选择。初心不改，行为不变。初心动摇，选择走样，最终结出苦果。

有一家刚刚起步的小公司，正是用自己的初心赢得了大量用户的尊敬和支持。它就是“三个爸爸”，这个品牌创立的缘由是北京的雾霾，是三个爸爸对孩子的爱，是三个爸爸的一次谈话，是希望孩子呼吸到放心的空气，实现健康成长。

三个爸爸戴赛鹰、陈海滨和宋亚南，出于对自己孩子最真挚的爱，出于市场上没有一款好的空气净化器能为自己的孩子提供放心、安全的空气，决定自己造一台真正能够保护儿童的空气净化器，于是他们辞职创业。这就是他们的初心，这颗初心不仅感召了他们自己和投资者，也感召了用户，得到了用户的认可。仅仅30天，“三个爸爸”就在京东众筹完成1100万元项目融资。当然创业的成功不是简单地靠有一颗高尚的初心就能实现，现在的“三个爸爸”也不能算是一家绝对成功的公司，但是公司现在走的每一步并没有背离他们的初心，这让“三个爸爸”成为一家受人尊敬的公司。

初心是用来践行的，不是用来随便说说，忽悠用户、忽悠投资人的。如果是那样，你唯一能忽悠的只有你自己。

聪明的创业者一定会坚持初心，因为他们明白初心的真正价值所在。

第二节　创业判断三角：你的创业项目是否有机会

萌发一个创业的想法后，第一件事情不是立刻着手去做，而是应该看一看创业项目是否具备成功的条件。如果条件不具备，就要想一想怎么样才能让条件具备，自己是否有能力补足那些缺失的条件。如果实在凑不齐这些创业条件，就说明这个项目目前还不适合开展。

有的创业者将有限的资源投入进去后，才发现项目先天条件不足，后天补足的机会又没有，或是改正的成本太高，自己根本承担不起。这样的创业失败着实令人惋惜。要知道，创业条件先天不足，即便后天其他方面再努力，成功的希望也很渺茫。

那么，如何判断一个项目是否具备先天条件呢？我把中国古代“天时、地利、人和”的思想应用在对商业项目的判断上，形成一个创业判断三角（见

图 1–1）。“天时”是指大的商业经济发展趋势；“地利”是指项目所处的商业生存环境；“人和”是指操作项目的团队的情况。只是在三个要素的排序上，我与孟子“天时不如地利，地利不如人和”的看法正好相反。

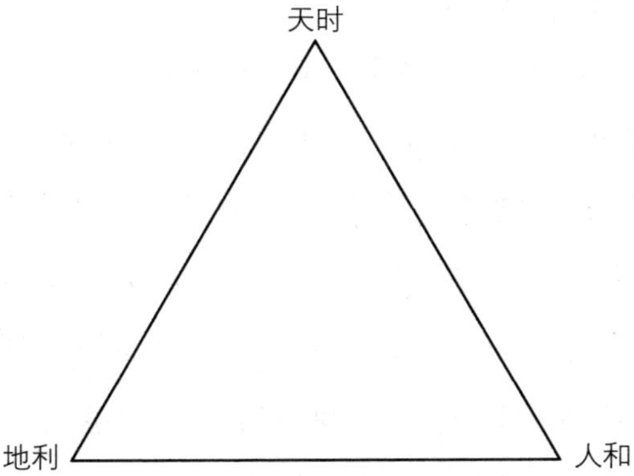

图 1–1　创业判断三角

在创业上，我认为“天时”是第一位的，“地利”次之，而“人和”最次。不是说人的因素对项目不重要，而是其他两个条件是客观条件，靠主观能动性改造的可能性较小，一旦客观条件不具备，主观能动性再强也往往无济于事。

对于投资人常说的“投资项目就是投资人”，我的理解是，在客观条件具备的情况下，投资项目主要就是看“人和”这个主观条件，这里他们省略了一个前提条件。当然，之所以强调“人和”是因为对于投资人而言，找到靠谱的团队实在是一个非常难实现的小概率事件。

对于很多创业老手而言，可能早就明白“天时”“地利”的重要性了，甚至习以为常了。但是很多创业新手因为没有这个概念，甚至抱着“人定胜天”的想法，导致最终连自己是被什么打败的都弄不清楚，而归因于什么团队不和、管理有问题等，即最终都让“人和”这个因背了锅。

道理很简单，趋势强于人，而不是人强于趋势。刚改革开放的时候，那些赶上好形势的人，随着时代的滚滚浪潮成为弄潮儿。放在当下这个时代，你让过去那些赶上好时候的成功人士，再把过去的辉煌重现一次，可能吗？

在商业上，这种案例数不胜数。例如，慧聪网是互联网创业的老兵，其B2B业务要早于阿里巴巴很多年。但在这场优先起步的创业竞赛中，慧聪网最终落了下风。这究竟是因为什么？

对于慧聪网，“天时”和“地利”都出了问题。当时的互联网是一个趋势，但是对于1992年的中国，这个趋势似乎还显得太早，还没有完全形成“势”。而阿里巴巴是在1999年才开始启动项目。在“天时”上，慧聪网起了个大早，赶了个晚集。再说“地利”，慧聪网将创业主战场选择在了中国，而1992年中国互联网的用户土壤是什么情况，可想而知。但是阿里巴巴在一开始将B2B业务的重心放在了美国，1999年的美国互联网已经开始展现出勃勃生机，阿里巴巴拥有足够好的商业环境土壤。

在“天时”和“地利”上，慧聪网都输了一截。虽然1999年的慧聪网在“人和”上要优于阿里巴巴，可是那又如何？缺失“天时”和“地利”的慧聪网能在最终的竞赛中活下来，分一杯羹，已经是不错的结局。

“天时”“地利”“人和”构成创业判断三角，三者缺一不可，而“人和”因素是整个判断三角中影响成败的最后一个因素。这就如同再好的农民也不能在极其恶劣的天气下、在极其贫乏的盐碱地上种出好庄稼一样。

作为创业者的我们，切记不要高估自身能力，而忽视了重要的外部环境。沙漠变绿洲的事情很有意义，但这不是我们创业者应该做的事情。

在这份商业地图中，我们围绕创业判断三角中“天时”“地利”“人和”三个因素，又分别推出趋势判断三角（让我们知道如何有效判断自身所处的趋势环境）、地利聚合三角（让我们知道什么样的创业土壤是适合项目成长的）以及人和构建三角（让我们知道一个和睦稳定的团队的组建原则是什么）。

从地利聚合三角，又推出商业环境三角、竞争环境三角、资源聚合三角。从地利聚合这个条件，我们进一步推出商业模式三角。之所以这么说，是因为地利聚合的各种条件是商业模式这个“果”能够生发的商业“土壤”。也就是说，什么土壤结什么果，商业模式是果不是因。商业模式可以设计，但是要先看看现在的土壤是不是能够结这个果，土壤养分够不够，否则设计的商业模式是开不了花、结不了果的。

我在很早的时候见过一个认知超前的人，他滔滔不绝地与我讲他的商业构想，后来这些商业模式在互联网时代都陆续出现了。但是在当时那个靠电话线上网的时代，这些模式都没有办法落地，也只能是想想而已。

例如，前几年出现的外教一对一在线英语教学商业模式，为什么之前没有出现呢？是人们完全没有想到吗，我想一定不是，中国聪明人太多了。问题是你提前想到了也没有用，当时的网络上行和下行速度都无法支撑实时数据传输。土壤不成熟，模式怎么落地？而且这个土壤条件你自己还控制不了，只能等待土壤条件自己成熟。

从人和构建三角，又推出创始人能力三角、合伙人选择三角、投资人选择三角。在此基础上，推出公司治理三角这个确保公司有效运行的底层治理机制，这个底层治理机制往往是很多创业者容易忽略的地方，从而给日后公司的发展留下很多隐患。

第三节　商业太极图：做好创业内外部两件事

判断好创业项目是否可行后，创业的核心就是做好两件事：内部搞管理，外部打市场。

人们常说内部管理的核心是三件事，即搭班子、定战略、带队伍。我将这三件事归结为定战略、建组织、带团队，三者构成了内部管理三角模型。其中，“建组织”和“搭班子”表述上不一样，对于搭班子（合伙人）的要素，我将放在本书“人和”的模块里做重点分析。在我看来，组织建设是一个广义的概念，它应该包括搭班子这个层面的内容。至于内部管理三要素的顺序排列问题，我们后续章节专门讨论。

外部经营也是三件事，即产品、营销、销售，三者构成了市场经营三角模型。刘润[①]老师将这三个要素之间的关系概括为企业能量模型，意思是通过营销这个千钧之力将产品这个万仞之石推上山巅，让销售形成顺势而下的态势。那么如何形成这一能量，就是市场经营三角重点讨论的问题。

在内外部两件事的基础上，一方面揭示出内部管理最核心的底层逻辑，归结为系统三角，包括文化建设、机制建设、感情建设。这是内部管理的灵魂所在，是激发企业活力的关键所在。如果没有系统三角的支持，是难以打造出成功的企业的。

另一方面揭示出外部经营最核心的底层逻辑，归结为市场三角，包括市场机遇、市场特征、市场增长。作为一个创业者，要能理解什么是市场，只有识别这个市场、了解这个市场，才算是找到了创业的真正源泉。在市场这口井里面，你能不能打出水，能打出多少水，能不能保证水流源源不断，打水的成本是否合算，这些都考验着你。

这里需要强调的是，内外部两件事都是商业管理呈现出来的表面现象，支持它们良好运转的是更底层的对组织系统的建设、对市场的理解、对商业模式的构建、对公司治理结构的构建。商业的根生发于用户需求，没有需求就没有市场，这是商业的起点，没有需求的商业都是无根之木，终将枯死。所以，请创业者在探讨一个项目时，务必先回到这个根本上来，从这里出发，才能保证有未来。

说完内外部两件事的概况，我们下面来分析内外部两件事的联动关系是什么，如何处理好创业内外部两件事的关系。我用传统的太极阴阳图来表述它们之间的相互关系（见图 1-2）。有了这个关系的指导，很多实战中的问题也就很容易解决了。比如，创业前期管理重不重要？市场拓展需要什么样的资源支持？等等。

① 刘润，国内著名商业咨询顾问，润米咨询创始人。

图 1–2　商业太极图

创业的内外两个部分就是太极阴和阳的关系，就是一个事物的两个方面。创业的内部是阴，外部是阳，阴滋生阳，阳决定阴。但不论是阴还是阳，首先要看到这是一个整体，是一件事情，阴阳是相统一的，是融为一体的，就是阴中有阳，阳中有阴，阳即是阴，阴即是阳，而将内外部贯通的太极之眼就是战略。所以，战略在整个创业过程中占据至关重要的地位，内外部的作用力最终都要落在这个点上，否则就是无用功。

阴阳必须达到调和匹配的状态，如果阴阳冲突失调，人是要得病的，一个企业也是要出问题的。

我们把上述太极思维运用到创业上，就是说：

创业是一件事情，内部管理和外部经营只是这一件事的两个方面。内部和外部是一个相辅相成、动态平衡的关系，哪一边弱了都不行。一旦失去平衡，系统就没有办法有效运转了。创业者要做的就是努力使这两个部分保持一个平衡，保证整体有序健康的发展。

内部和外部要在战略这一个点上做功用力，出力的方向要一致，只有这样才有可能成功，坚决不能各干各的。尤其是管理，很多公司官僚化很严重，管理演化成为了管理而管理，不仅没有形成合力，还大量消耗了企业的力量和资源，严重制约了企业的发展。内外部做功都要围绕战略这个着眼点，这说起来容易，但实际创业中做无用功的、分散资源去做既定战略以外事情的，比比皆是。

另外，内外部要相辅相成，达成动态平衡。说白了很简单，即打什么样的仗，就要有什么样的资源支持。要多大的市场规模，就一定要有相应的管理模式和资源支持。本质上，商业的运作是一个能量输入和输出的过程。虽然我们可以通过借势来减少自身的能量投入，但是要知道除了大势这个“势”以外，其他的“势”都是别人的能量，这种能量都是要等价交换的，不论交换的形式是什么。

作为一个创业者，你一定要知道你面临的市场“战争”在发生什么样的变化，你需要在人、财、物上进行什么样的投入，在什么时间点必须投入，在什么时间点必须提前将各种资源储备到位，来支持整个市场“战争”的变化和发展。现实中，很多创业者什么都没有准备好，或者什么都没有准备，就敢上“战场”。

我们通过小米管理模式与市场拓展演变的案例，一起感受一下这种太极思维对于创业的重要性。

创业初期的小米追求组织结构的扁平化、管理去KPI化，一度被人们视为新管理的典范。而如今的小米将创业初期极简的3层组织模式改为10个层级，同时也开始设立KPI。有的人觉得小米的管理不如从前了，其实不是，是小米长大了，市场大了，打市场的人也变多了。过去两百来号人，3个层级可以搞定，而经过一段时间的发展，小米都上万人了，3个层级远远不够。从3个层级变为10个层级不是小米的管理不如从前了，而是有其内在的组织逻辑需求的，这个逻辑链条就是市场的规模变化带来人员的变化，而人员组织有其内在的刚性约束，即每个管理者都有管理幅度，管理幅度又决定了管理的层次。

试想雷军面对1万人的团队，如何指挥沟通？他的管理幅度最大为20个人，而每往下一层的管理幅度也是刚性约束的，层级的增设自然就不可避免。

这也是保障信息有效传达的必要组织形式。由此可见，随着市场规模的变化，组织形式的变化也就成为必然。

创业内外部是一件事，内外部要相互适应、相互匹配。要想打足够大的市场，就要有相应的“兵力”投入、相应的组织保障。反过来，当市场大到一定程度，也要考虑组织的调整，不能认为过去有效的组织模式现在还会有效，因为边界条件已经发生变化，不可不察。

最后，再说一个创业者经常问的问题：创业前期需要管理吗？多数人的回答是创业前期不需要管理。用太极思维来考虑这个问题，答案一定是需要，只不过前期不需要复杂的管理。从管理的三要素看，战略、组织、队伍，前期你哪个不需要？只不过前期战略有不确定性，因为你的业务不确定，战略和业务都是混沌状态。但是创业者一定要有一个大概的战略方向，并在业务层面上用最小模型验证这个战略是否可行。被业务验证的战略，就可以定为我们要去往的方向了。然后在这个战略的指引下，明确外部需要什么资源来发展，内部组织如何搭建来保证外部“打仗”。前期“打仗”规模小，组织配套小一点，3 个人 2 杆枪，至于部门职能什么的，先放一边，上去“打仗”才是最重要的。当然，3 个人也要有个分工，谁主攻，谁支援，谁后勤，这就是组织，虽然这个组织很简单，但与我们的业务规模是配套的。同时创业者要规划这盘棋的终局：打胜最终的“战役”，我们需要什么样的组织、队伍，随着“战争”的推进，如何保证组织支持、资源支持的到位。为此，我们要提前做准备，不能要上阵了什么都没有。

这也是创业者非常重要的任务，就是把握“战争”的关键节点，提前规划组织结构和储备资源。而很多创业者失败的很大原因就是，自己上战场当先锋杀敌杀得很“嗨”，但是猛然抬头发现，需要打大仗了，战争局势发生变化了，自己却什么也没有准备好，也就只能任人宰割了。

有关创业管理和业务的问题，我们用一个太极思维图基本可以回答。太极思维也是整个商业系统框架中非常核心的思想。

第四节　公司发展三角：如何让公司走上发展正轨

很多创业者都没有过一次创业项目走上轨道运行的情况，或者是勉强走上轨道结果半路翻车。那么，公司要走上轨道，实现良好运营，到底靠什么？我们要具备什么能力？

我们前面分享了创业判断三角，包括“天时”（趋势）、“地利”（市场环境）、“人和”（创业团队），并从“地利”推出商业模式三角，从“人和”推出公司治理三角；还分享了商业太极图，重点是内部搞管理（战略、组织、团队）、外部打市场（产品、营销、销售），又从内外部分别总结出系统三角（文化建设、机制建设、感情建设）和市场三角（市场机遇、市场特征、市场增长）；最终，我们将企业内部两大模块的内容，即人和构建和内部管理整合抽象为一个管理运营飞轮，将企业外部两大模块的内容，即地利聚合和外部经营整合抽象为一个市场运营飞轮。

这两个飞轮高度形象化地将企业内外部的运转逻辑进行了展现，将前面所有为了表述方便而分散的模块内容进行了系统的整合，让整个商业逻辑在更高的层面上通畅，从而更好地帮助我们打造自己的商业系统。关于这两个飞轮，我们在这里先不做阐述，在本书最后的章节将给大家一并介绍。

最终，管理运营飞轮和市场运营飞轮，再加上准确的赛道方向，构成了一个完整的公司发展三角，即本书最终要交付的公司运营的高效商业系统（见图 1–3）。这个公司发展三角就好像一架稳定的商业战车，两个飞轮做到内外部相统一，而战略就是这部战车上两个飞轮中间的差速器，保证两个飞轮都作用在一个方向上。而你作为创业者，最重要的不是学会驾车的技术，而是学会造车的本领，这比驾车这个技术活儿重要得多。尤其是当这辆战车越来越豪华、越来越高级的时候，你更需要找专业的驾车人来帮你驾车。你只要负责看好方向，告诉大家目的地，规划好两个飞轮的蓝图就好。此外，就是不断找专

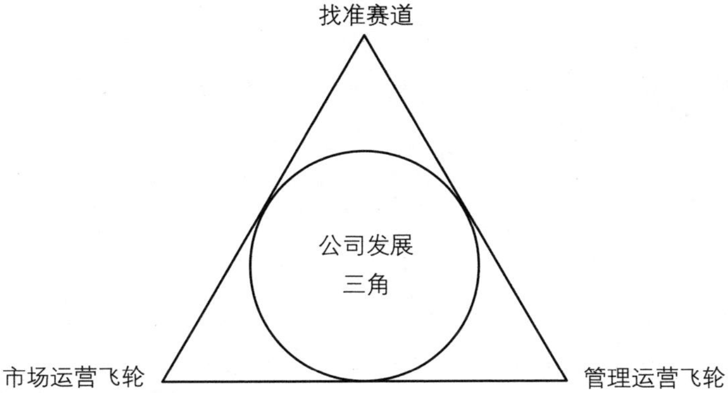

图 1-3　公司发展三角

业的人上你的车，帮你驾车、造车、修车，和你一起实现去往远方的梦想。

多数创业者正是因为没有建立一套系统的商业运营模型，而无法带领自己的创业团队和项目走上正常的发展轨道。

自此，我们基本了解了这幅商业地图的框架。接下来，让我们走进它的内部，详细了解它每个部分的构成是什么样的。

第二篇

创业第一法则：顺应天时

第二章

趋势判断三角：趋势强过人，莫与趋势斗

雷军说过两句有关“风口 ”的名言，一句是“只要站在风口上，猪都能飞上天”，另一句是“与其在盐碱地种庄稼，不如在台风口放风筝”。

有人说，风来了有什么用，风停了，照样不是摔下来摔死嘛！在我看来，摔死的都是上了天又没有能力修炼出翅膀的“猪”。对应到我们的公司发展三角模型，就是两个飞轮没有打造出来，那不摔死才怪。

但是，我们不能否认“风口”的重要性，这个“风口”不是偷巧的机会，而是你创业顺应的大趋势，即便是机会也是符合大趋势的机会，而不是昙花一现的小机会。作为一个创业者，首要的就是具备这种寻找创业趋势的能力。不怕你摔下来，就怕你连找到“风口”飞上天的机会都没有。

趋势判断能力是一个创业者所有能力中最重要的一项能力。看不到商业趋势，就找不到商业机会。那么，如何做出有效的趋势判断？这就要用到趋势判断三角，即从技术环境、政治经济环境、社会文化环境三个方面进行判断（见图 2–1）。其实这就是 PEST 模型的简化版，而这个模型的核心是，要求你对商业环境有足够的敏感度，知道这些环境要素发生变化后会带来什么样的商业变化、商业机会。

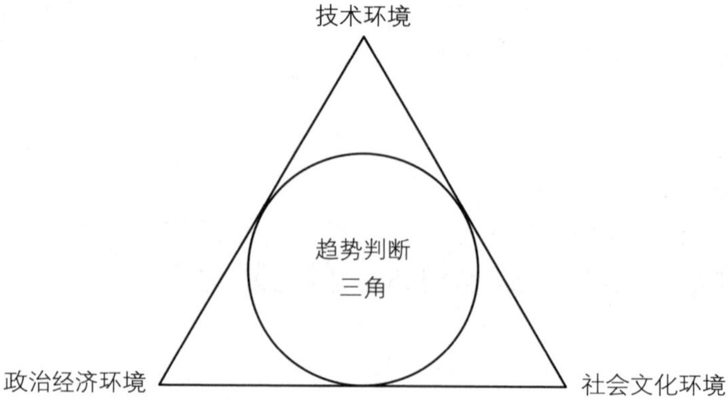

图 2-1　趋势判断三角

第一节　技术环境

技术环境变革是对趋势变化影响最大的一个因素。人类社会经历的三次工业革命，哪一次不是由技术变革引发的？这些技术变革不仅促进了新兴行业的发展和商业新物种的崛起，还进一步深刻影响了整个人类社会的结构和生存基础。

目前，我们又处在一个新的技术变革的最前期。人工智能、大数据、5G网络、传感器、新能源等新技术，正在主导这场变革。下一个社会大概率是万物互联的智慧型社会，在这样的基础设施条件下，商业的各行各业又有什么样的变化和发展？创业者又会有什么样的商业机会？再深入一步思考，我们现有的工商业社会结构会有什么样的变化？这样的社会结构变化反过来对商业发展有什么影响？在这种剧烈的变动下，拥有敏锐的商业眼光，做出有效的判断，才可能抓住新的机会。要想成为一名优秀的创业者，就要有站在未来看现在的能力，只有看穿未来，现在才可能有机会。

从时代变革的角度看，新的工业革命底层最核心的推动工商业发展的技术要素是大数据。未来数据将为每一个工商业环节赋予新的能量。从生产的智能化以及柔性生产供应链的打造，到运营的数据化，再到消费的数据化，数据将重塑整个商业体系，大幅提升工商业效率，形成新的竞争优势。而且当下很多企业已经开始将数据应用在企业经营的方方面面。未来企业应用数据的能力将成为一项关键能力，有数据应用能力的企业取代没有数据应用能力的企业将成为必然。这就好像第一次工业革命的机械化一样，手工纺织的作坊不管愿不愿意，被机械纺织的大工厂取代将是一种必然。

从商业进化的角度看，商业一路从无到有，从点状零散的商业交易，到线性的商业发展（如丝绸之路、茶马古道），再到当下的商业中心化发展（如百度、淘宝等巨头），呈现一种演进形态。而如今，新的趋势开始显现端倪，那就是去中心化。从这一趋势可以推测，现在大的商业中心在未来极有可能面临被肢解的风险。就好像过去电视台这样的超级信息中心，被互联网、移动互联网进行了肢解。发生这一切的关键在于信息的密度变得越来越高，信息也变得越来越透明。人们不需要像过去一样从一个超级信息节点获取想要的信息，信息网络中有无数小的信息节点，在那里我们可以获得更优质的信息。这种超级信息节点的衰落和小信息节点的兴起，从身边一些事情的变化中可以感知一二。

比如，在过去电视是超级信息节点的时候，有超级大明星，基本上全国人民都知道。但是现在却很难出现过去那样的超级大明星了，为什么？是他们没有过去的明星有能力吗？其实主要是我们正处在一个失去超级信息节点的时代，没有超级信息节点，也就没有了打造超级明星的土壤，取而代之的是无数的小明星、小网红。

另外，移动互联网重构了人们与信息的关系，过去人们在互联网上是主动式地搜索各种信息。比如，上百度找答案，上淘宝找商品。人是主动的一方，核心动作是搜索。但是移动互联网将这种关系颠倒了过来，在移动互联网时代，由于手机屏幕的局限性，搜索变得不那么便捷，于是从人们主动搜索信息变为人们被动接受推荐的信息。这更符合人性的特点，一方面可以通过数据算法投其所好，另一方面人们通过手机可以随时随地获得信息。另外，共同的喜好促成了某一类人的快速聚集。比如，爱学习的人聚集在得到和混沌大学，但这只是一小部分人的聚集，我身边大部分人是不知道得到和混沌大学的。身处这个圈子的人可能很难想象，但这就是这个时代信息的特点。信息形成一个一个近乎封闭的圈子，你是哪类人，你就极容易加入哪类信息圈子。网络中形成了无数个信息圈子，超级信息节点被肢解。

关于未来商业进化的方向，我推荐大家去听听刘润老师在得到的《商业通识 30 讲》，他从商业发展和底层逻辑的角度提出关于未来商业进化方向很有参考价值的观点。

从技术本身来说，每一项技术的革新都可能带来一个新的商业机会，尤其是颠覆性的技术出现时。但是作为创业者的我们要想实现颠覆性的技术变革谈何容易，当然不是说没有机会，而是太难。小概率事件不是我们创业者该去赌的事。有些事情就是要交给有实力的大机构、大公司来完成。创业者更应该关注新技术的出现和发展，将主要精力放在新技术的应用上。我们要把新技术当作创业的一个底层条件来看：一方面是新技术在自己的创业项目上可能有什么创新应用；另一方面是自己的项目在技术层面上是否具备了条件。如果有技术瓶颈，这个技术瓶颈谁来突破，什么时候能突破？我们是不是该提前入场做准备了？最怕的是技术条件还不具备，而且这个条件的到来遥遥无期，就贸然入场。

对技术保持敏感的主要方法有：一是时刻关注新技术的发展，并思考这个技术可能在自己的项目上有哪些商业应用；二是跨界观察，多看看其他行业现成的技术，也许对你一直是瓶颈的技术，在其他行业早已经有了应用。

第二节　政治经济环境

一、政治环境

首先是大的国际政治环境对我们创业的影响。比如，区域稳定性、战略合作伙伴关系、国家层面的政治经济活动等，都对我们的商业发展有种种影响。在国际政治环境发展中，我们也可以寻找到很多机会。比如，我们国家与非洲进行战略合作，未来通过国家力量的助推，非洲落后的经济将会被激活，这必然是一个大的趋势。在这种战略合作背景下，中国的企业在非洲有着广阔的发展前景。又如，通过“一带一路”建设，将形成一条全新的贸易路径，其对世界贸易格局的影响不可小觑。这都代表着将要开辟和发展一个全新的市场，在一个全新的市场里，创业者总是有机会的，关键在于你是否有胆量去挑战。

其次是国内政策对商业的影响。尤其是中国的各类规划，它们是集合全国精英的力量制定的国家发展战略，这些战略的方向代表着中国未来资源投入的方向，这就是经济发展的趋势。比如，国务院印发的《国家积极应对人口老龄化中长期规划》《中国教育现代化 2035》《粤港澳大湾区发展规划纲要》《交通强国建设纲要》等，这些国家级的战略都透露了国家重点发展的方向和社会发展的趋势，相关领域都蕴藏着巨大的待释放的市场空间和经济增长潜力。我们不在国家制定的战略中找机会，不跟着国家的方向走，无异于缘木求鱼。即便不能像大企业那样吃到足够多的肉，只要跟着这个趋势走，喝口汤也是有机会的，相对省点力气。在很多时候，我们就是思维过于僵化，觉得这些大事情与我们没有关系。其实往这个事情的上下游多看一看，就会发现这个事情虽然只是一个点，但是这个点带动的是一个庞大的产业链，点上没有机会，放眼到这个链条可能就有机会。

另外，非常重要的一点就是要与国家的政治利益、发展利益相一致。我们是社会主义国家，国家维护人民群众的根本利益，作为在社会主义国家从事商业活动的我们，最基本的一点就是要与这个根本利益相一致。凡是背离这个根本利益的商业项目，最终的结果都将是失去生存空间。

二、经济环境

一个国家的经济结构、基础、发展水平、城镇化水平，以及人均收入水平、消费结构、储蓄结构、人口结构等，都影响整个商业的发展。比如，近年来我国人口老龄化问题凸显，未来针对老年人的消费产品的发展一定是一个大的趋势。又如，随着中国消费结构的变化，食物、基本生活物品的消费比重不断下降，而教育、文化、健康、旅游等消费不断增加。

数据的此消彼长意味着巨大的机会，问题是很多人就是不敢相信，因为其大脑被经验思维严重束缚，不相信没有看到的事情。但是当事情发生后，他们只剩下后悔不已。所以，一个好的创业者一定是一个敢于突破经验思维的战略家、实干家。首先是能看到、敢相信，其次是敢冒险、敢出手。

另外，作为一个创业者，还要对经济周期有一个基本预判，知道经济处于繁荣期、衰退期、萧条期还是复苏期，经济周期对你的行业有什么影响。拿中国经济来说，很多人就是赶上了中国经济从复苏到繁荣的好时候进了场，顺着大势轻轻松松挣了钱。但是，当经济进入下行期，就要考验一个企业家是不是能为下一轮复苏做好充足的准备，能不能站在未来看现在，处理好当下“危”和“机”的关系。

很多创业者会问，经济衰退期有没有创业的机会。我认为，什么时候都有机会。商业的本质是解决需求，只要社会中有不合理、有问题，人们有痛点，你又有解决问题和痛点的方案，你就有创业的机会，只是要考虑在大环境下你解决问题的成本是否能够获得市场的认可。

最后，就是关注你所要进入的行业的发展趋势。如果行业处于上升期，你就能吃到行业趋势的红利；如果行业处于下行期，你就是能力再强，也会走得步履蹒跚、力不从心。

例如，微信发展前期的内容创业者们就是赶上了这个行业的红利期，很多内容质量很差的公众号都积累了大量的用户。但是，你现在要想做微信公众号，即使质量再高、投入再多，也都很难做出一个大号了，因为平台开始进入一个下行期了。

又如，知识文化行业是一个上升行业，但是图书行业却是一个典型的处于下行期的行业，图书这个载体开始变得落后，新型的音视频形式能够更好地满足人们的学习需求。所以，音视频行业就呈现出了上升趋势。

有一次我和父亲交谈，他认为现在的人没有他们那一代人爱学习了，过去周末新华书店里人满为患，可是现在新华书店常常是门可罗雀。我告诉他，其实不是现在人们不爱学习了，而是学习的形式和载体在发生变化，从过去的书籍形式变为更便捷的音视频形式。再者，过去文化和娱乐内容不够丰富，人们没什么选择，新华书店就成了一个很好的满足人们精神需求的场所，现在人们面对极其丰富的文化和娱乐内容，新华书店自然也就没有了市场。

谈到线下书店没落这个问题，我想再多说几句。我看一些新华书店改革的样板，往往是书店与咖啡馆的结合体。问题是，这样他们的竞争对手就变成了咖啡馆这一类场所。我们可以看到很多咖啡馆的经营空间里也会有图书的元素，但书不是重点，只是用来满足一小部分人的需求。要知道咖啡馆经营的核心是打造一个社交空间，而一个书店要思考如何平衡这种学习需求和社交需求，明确最终自己的产品形态到底是什么样，自己的核心竞争力到底是什么。

另外，书店面临的核心问题是产品载体没落的问题，也就是纸质书这个行业下行的问题，而不是简单的书店经营模式的问题。当然也有通过调整经营模式突围的书店，无非是围绕爱好学习又有小资情趣的人群，把图书和精品家居生活用品等产品进行有效组合，再加上一些休闲元素等，在书店的基础上进行新的空间布局。也就是通过图书引流，进行其他产品的销售转化。比如，日本的茑屋书店和国内的西西弗书店就是这样，本质上它们已经不是一家单纯的书店，而是一个生活、休闲空间。

除了经营模式问题之外，如果就书店本身来说，最大的问题还是产品载体没落的问题。这就需要书店的上游供应商相应地做出改变。比如，将纸质书籍和音频产品相结合，从而更加符合人们的学习习惯。当然，仅仅是这样的改变还不够。书店本身可能也要思考自己的角色定位，不能仅仅把自己定位成一个图书的销售者，如果只是扮演搬运和销售的角色，则这样的价值太小，太容易被替代。要知道，卖书的本质应是知识的交付，而不是书籍的简单交付。书店应在知识结构交付上进行更深一层的思考，为人们提供更好的知识结构交付方案，让人们能够更好地、更便捷地获得自己想要的知识内容。也许这才是一条虽然艰难，但是值得探索的道路。

第三节　社会文化环境

社会文化是一个国家、区域的人们对世界认知的一种模式，这种模式深刻地影响着人们的行为。比如，印度人认为牛是圣洁的神物，麦当劳、肯德基是万万不敢在印度卖牛肉汉堡的。又如，肯德基为了占领中国快餐市场，对其产品进行了改进，针对中国人的餐饮文化和习惯，研发出了芙蓉鲜蔬汤、老北京鸡肉卷等产品，甚至在广州的肯德基还出售王老吉凉茶。这些都是企业为适应当地社会文化做出的改变。

但是，我们也要看到文化不是一成不变的。比如，过去中国人的思想观念比较保守，但是随着社会的进步，人们的思想观念已经不那么保守了。在这种思想观念悄然改变的情况下，一个过去基本不会有生存空间的品类得到了发展，那就是情趣用品。目前这个市场至少已经达到几十亿的规模，而且每年还在快速增加。

又如，李宁品牌几经挫折，李宁身为品牌的创始人决定亲自出山。他敏锐地发现，随着国家的高速发展，国人开始高度认可中国文化，形成一种越来越自信的社会氛围。李宁果断以中国文化作为设计元素，将品牌年轻化、潮牌化，从而得到了市场的认可和追捧。

技术发展、政治经济、社会文化，这些是商业物种能够生发的大环境。就好像地球在约44亿年前的隐生代时期，大气中充满了二氧化硫和硫化氢，在这样的环境下是不可能产生任何生物的，但随着大气层的生成，具备了生命出现的条件，随之是生命物种的不断进化。商业也是一样，技术发展、政治经济、社会文化这些“气候条件”具备了，新的物种就有生发的可能。

最后，创业者做趋势判断的时候，最重要的是判断自己要做的事情是不是在趋势里，简单说，就是做的这件事是不是在上升期，是不是面对一个有着巨大空间的市场。只要这个市场处在上升期，你就有机会。这是大条件，至于其他条件，你都可以在做的过程中想办法凑齐。就像是李书福当年造汽车，从自身条件来看，相差十万八千里，身边所有的人都劝他不要做，甚至嘲笑他；但是，作为一名优秀的创业者，他不惧怕这些困难，而是看到了未来中国汽车市场的需求空间会不断增长。当然，如果站在当下的时间节点来看，则掌握的造汽车的资源再多，也不能轻易进入这个市场了，因为这是一个过度饱和的下行市场，而正在兴起的是电动车市场。

第三篇

创业第二法则：寻求地利

第三章

地利聚合三角：如何找到合适的创业土壤

如果“天时”是在时间维度上找机会，那么“地利”就是在空间维度上找机会。巴菲特说，他的成功要感谢美国。这句话，其实就是从时空维度上说出了对他成功影响最大的因素。试想，如果巴菲特不是身处“二战后”经济快速发展的美国，他能够有现在的成就吗？能够靠他工作几年攒的十几万美元起家吗？巴菲特的成功不可复制，因为时间、空间的要素都不可复制。

很多创业者有了一个创业的想法之后，往往容易忽视空间要素的重要性，而倾向于在自己的家乡创业，原因无非是感觉家乡的环境更熟悉、人更熟悉，可是这种熟悉对创业的帮助往往并不大。而且寻求熟悉感无非是想要寻求安全感，这是创业者成功的最大障碍。寻求熟悉感往往给创业造成诸多不便，严重的甚至导致创业项目先天不足，使项目流产。

如何选择创业项目的出生地，这是一个创业者应该慎重考虑的问题。寻找适合自己创业项目的生存空间，就要用到地利聚合三角，考虑商业环境、竞争环境、资源聚合三个要素（见图 3–1）。

在选择一个创业项目的生存空间前，我们先要了解项目面临什么样的竞争环境，项目所在市场的成熟度是什么状况，项目所在区域的资源支持是否充足。这些都是市场客观存在的情况，虽然这些客观条件会随着时间的推移发生变化，但是对于当下入局的你，目前这个生存空间是否合适，土壤中的营养元素是否充足，直接决定着你的项目能否破土发芽。

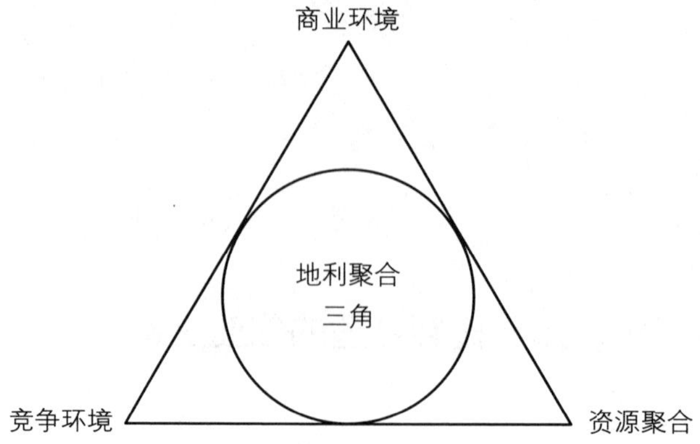

图 3-1　地利聚合三角

第一节　商业环境三角：你创业所处的商业环境是否开始成熟

商业环境主要看三个方面：市场成熟度、政府环境、基础配套（见图 3-2）。

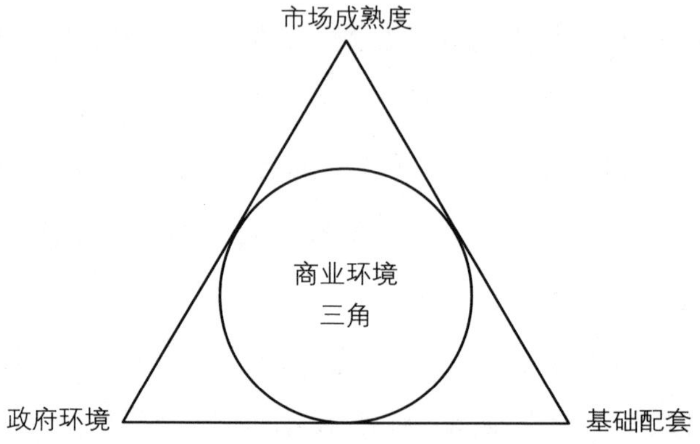

图 3-2　商业环境三角

一、市场成熟度

在选择一个创业项目的生存空间前，我们先要了解项目面对的市场是什么样的。比如，市场当前处于什么状况？这个市场的用户需求是否已经开始形成？是新兴市场，还是成熟市场？

空白市场、新兴市场是创业者要重点关注的市场。比如，美团在选择市场时，就在互联网和移动网络之间选择了新兴的移动市场；在商品电商和服务电商之间，避开淘宝据守的商品电商领域，选择服务电商；在全国和本地这个维度上，避开了携程占据的全国服务电商这个市场，选择了本地电商。最终美团找到了本地服务电商这个市场空间，开辟了全新的“战场”。

这里要特别强调一句，一个好的商业项目的一个重要标准就是，这个市场上原来没有这样的商业物种，没有人提供过这种商业服务。而很多创业者判断要不要做一个商业项目的标准却变成了市场上谁做过这个事情，他们做得成功不成功。对不起，如果人家这么做过，也做得很成功，这个事情基本就与你没有什么关系了。这也从底层反映了人性的弱点，即想依靠过往的经验或者是别人的经验在未来获得成功。但是，在商业上，优秀的商业项目往往是反经验直觉的。多数人都认可的商业项目，不一定是好项目；反过来，多数人都反对的商业项目，不一定不是好项目。关键要看创业者对商业底层的用户需求把握得是否准确，对商业运营逻辑底层的人性把握得是否准确。如果底层逻辑是通的，上层的问题就有解决的可能性。

除了在本地寻找空白市场外，还可以跨区域寻找空白市场，就是将一个市场已经有的商业物种引入到另外一个空白市场上。比如猎豹清理大师（Clean Master），避开中国市场的竞争，到美国开辟了市场空间。如果放在中国，这样的产品恐怕难有出头之日。又如，在国内手机市场竞争中败下阵来的波导手机，改名为传音手机，到非洲占领了巨大的市场。

此外，可以改造升级一个旧市场，这就要摧毁旧市场的占据者，需要具备降维打击或者是升维攻击的能力。最经典的改造升级旧市场的案例，就是苹果公司通过对手机这个产品的重新定义，最终吃掉诺基亚的手机市场。

最后，市场的用户需求是否开始真的形成，是衡量新市场是否开始形成的重要指标。比如，休闲咖啡市场是最近几年才开始集中爆发的，如果往前推 20 年，这个市场存在吗？那时人们的收入水平整体较低，刚刚解决温饱和其他基本生活需求，休闲娱乐行业的发展还早着呢。可是到了当下，随着人们收入水平的逐步提高和观念的转变，娱乐、教育、文化、旅游等产业都开始井喷，这些市场也都开始爆发、成长了。以前人们没有这样的需求吗？不是没有，而是这个需求不是真需求，人们虽然有痛点、有缺乏感，但是没有能力为消除这个痛点和缺乏感而支付。对商家来说，这个需求就没有真正形成。

二、政府环境

政府环境既包括宏观环境，也包括微观环境。考察宏观环境时要看政局的稳定性、政策的连贯性、国内的安全程度等；考察微观环境时要看政府在经济发展上的鼓励支持政策、政府的软服务环境、廉洁程度等。

例如，非洲国家大多经济落后，但是卢旺达却能够脱颖而出，主要是其国内政局稳定，政策连贯，政府鼓励经济发展，出台了支持经济发展的一系列政策，国内政治廉洁程度、安全程度都很高，从而吸引了大批的投资者，使经济获得较快的发展。

三、基础配套

中国有句话叫“要想富，先修路”，其实说的就是基础设施配套的重要性。如果一个区域的基础设施配套跟不上，区域的经济将很难有发展。比如，很多偏远地区有很好的自然资源，但是由于交通不畅，资源运不出去，无法发挥应有的价值，从而制约了当地的发展。因此，创业者在选择项目发展地的时候，基础设施配套是很重要的考虑因素，如交通运输、电力设施、供排水、供气、网络通信、能源供给等，这些都是企业发展的基础条件，若基础条件不足，将严重制约企业的发展。

第二节　竞争环境三角：你的创业项目能够避开竞争吗

关于创业项目所面临的竞争环境，我们主要考虑三个问题：是否存在竞争对手（包括直接竞争对手、潜在竞争对手、间接竞争对手）？是否有合适的生存空间，以及如何防御对手，保卫自己占领的生存空间？竞争关系是否能够转化为合作关系？这可以概括为如图 3–3 所示的竞争环境三角。

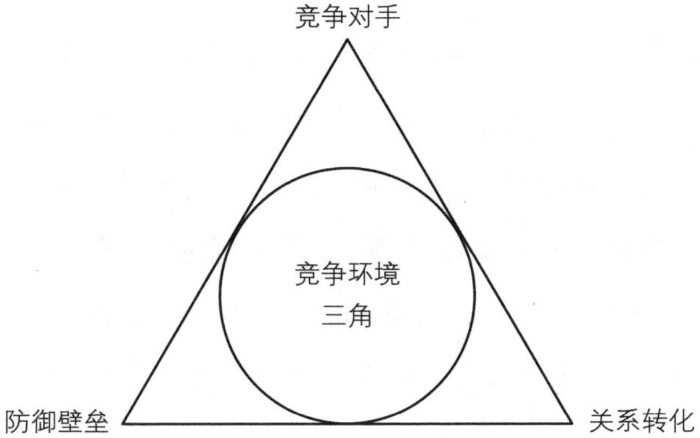

图 3–3　竞争环境三角

一、竞争对手

竞争的最高境界是不竞争，这是创业者着力追求的状态。但是现实中竞争总是难以避免，面对不同的竞争，我们该如何应对？

如果市场上存在直接的竞争对手，对手也足够强大，请务必避让。不要去动人家的市场，也不要显示出你可能对人家的市场有影响，离人家远远的，不要直接挑衅。有的创业者一上来就要颠覆阿里、打败腾讯，先不说这种想法有多幼稚，就算是真的有这样的本事，也要隐忍、潜伏，等待机会，谁还跑出来大张旗鼓，这不是找死吗？面对强大的竞争对手，你要去打人家的市场，就好像是攻打人家已经筑好的城墙一样，而“攻城”是所有战争中代价最大的。

除非你有无限的资源支持，也不在乎损耗多少资源，但这显然不可能。

我在创业的过程中就干过这样一件蠢事。在我所在城市的桥南，我成功地开了两家高端面馆，于是我准备在桥北再开一家，而且还选在桥北最火的一家低价面馆的旁边。后来发现桥北人均收入不比桥南，高消费在桥北没多少人能够接受，无奈只能选择走平民路线，这样无意间就和旁边的低价面馆形成了直接竞争，结果一家投资150多万元的豪华面馆竟然输给了一家不起眼的小面馆。可是别看人家小，人家已经占据了这个市场，你想要以竞争取胜简直是难于上青天。

另外一种情况是，如果市场上有与你几乎同一时间入场的竞争对手，那就要考虑投入超过竞争对手的资源来战胜他。《孙子兵法》讲："十则围之，五则攻之，倍则战之。"如果不能以数倍的资源投入战胜竞争对手，那就只能靠你的智谋了，胆量是没有什么用的，有勇无谋，无异于给对手"送人头"。但往往智谋也不太管用，因为人总是倾向于高估自己，低估别人。再者就是速度，"天下武功唯快不破"。在初创企业的竞争中，速度更是一个绝对优势（如雷军将互联网思维总结为"专注、极致、口碑、快"），下手快、动作快、抢占快，快人一步，才有可能占有先机。

再多说一句，如果选择了快，就不要苛求完美，因为资源有限，你没有办法做到兼顾，只能倾向于一端，而适当舍弃另外一端。例如，小米一开始的手机也并不完美。最怕创业者思想固化，一味苛求完美，而错失战机。要知道在充满竞争的市场里，有时候竞争机会比完美更重要。

还有一种对手，看似不是你的竞争者，但却可以置你于死地。这就是人们现在常说的"我消灭你，但与你无关"。比如，美团外卖的出现，导致方便面销售量下降；移动支付的出现，危及从事银行运钞业务的保安公司；共享单车的出现，危及自行车销售业务。如今，这样的不相关竞争越来越多。这种竞争的核心，不是产品形态层面的竞争，而是用户底层需求或资源层面的竞争。

例如，现在的微信和抖音在用户时间层面上展开竞争。微信为了应对抖音的挑战，在微信内部搞了一个视频号。对此，我个人不是很看好，因为竞争的最高原则就是避免竞争，另辟“战场”。你本来和人家就不在一个“战场”，你非要跑去人家已经占领的“战场”竞争，可能吗？这就好像抖音说，我用户这么多了，能不能把用户的手机号资源导入抖音，然后把微信的功能加入抖音呢？这都是不务正业，没弄明白自己本质上满足的是用户的什么需求。其实微信满足的就是用户的社交需求，抖音满足的就是用户的休闲娱乐需求，而对这两个需求，用户自己早就划分了需求比例。当用户想刷短视频娱乐的时候，是先想起抖音呢，还是先想起微信呢？答案不言而喻，那么微信搞视频号在起点上已经输了一大截。即便微信要做短视频，也必须是基于社交属性的短视频，如果为了与抖音争夺市场而做同样属性的产品，则一开始就注定了结局。

要知道，你唯一能竞争的就是你自己，要做更好的自己、更优秀的自己，就好像一个美女只有在坚持自我的基础上不断提升自己，才有可能吸引更多的注意力。如果一个中国古典风格的美女，发现路上有一个波西米亚风格的美女吸引了很多人，她是不是要马上学波西米亚风格去吸引人？这不是太贪心了吗？不能什么都想要，什么都想抢过来。

要明白，你的产品形态满足用户的需求，这就是你的天花板，你已经针对这个需求做到最好了。你现在想玩中国古典加波西米亚混搭风格，明天再碰到一个印度风格的美女，你看人家也有很多人关注，是不是要再混搭一下？

面对这种类型的竞争，处于弱势的一方只能是不断强化自己的价值，而不是跨类别与别人竞争。就好像方便面面临美团的竞争，不是去做美团的业务，而是做出品种更丰富的、材料更好的、更营养的方便面，满足用户更新的需求，只有这样才能守住市场，实现增长。

因此，从这个角度说，即便微信要做视频号，也必须基于微信本身的社交属性去做，即做社交化的视频号，做为了服务微信而生的视频号，而绝不能突破微信本身，借用微信的躯体独立成长为另外一个与抖音长得一样的东西。

当然，从大公司战略防御的角度考虑，微信即便无法超越抖音成为市场老大，抢一块蛋糕，做个市场老二、老三也还是有机会的。

但是，创业者要切记，我们不是微信，不要学人家什么都想做，你要做的就是单点突破、有效进攻，而不是做生态、搞防御。创业者能够专心做好一件事，满足用户的一个需求就已经不容易了。

再一次强调，你能做的就是做最好的自己，坚守自己的“中国古典风格”，升华自己的“中国古典风格”，让自己更有吸引力。如果你实在不甘心人家的吸引力比你大，那么你能做的只能是寻找人性中更深层次的需求和满足这个需求的形式，开辟下一个“战场”，在下一个“战场”战胜对手。

二、防御壁垒

对于发现的空白市场，你即便是第一个进入，之后也一定会有一堆创业者跟进。面对这种情况，该如何应对？除了前面说的投入数倍于竞争者的资源，打赢这场仗以外，最重要的就是建防御壁垒。

一种是设置关卡，比如，获取技术专利、商业模式专利、政府特许牌照等。即便前期有人不遵守规则，越卡而过，我们也无须与其周旋，以免耗费太多精力，等他发展到关键时间节点，我们再用手中的武器回戈一击，将其清出赛场，或收入囊中。

如果没有设置关卡的能力，就要有构筑碉堡的能力，在一个商业环节上形成最大优势。比如，垄断核心资源，形成规模优势，控制销售渠道，等等。

（1）垄断核心资源。以中国奶业市场来说，其竞争的关键是奶源的竞争，谁在奶源上掌握了话语权，谁就在最后的市场竞争中掌握了话语权。

（2）形成规模优势。例如，可口可乐在各类饮料品牌一路涨价的情况下，多年保持销售价格不变，维持在 2.5 元一罐。可口可乐的竞争策略就是，以较低的市场销售价格形成强大的销售和生产规模优势，将成本和利润都压到最低，后期想要进入的竞争对手，仅生产成本可能都要高于可口可乐的销售价格，也就没有进入的欲望了。

（3）控制销售渠道。比如共享充电宝行业，谁先占领接触用户的终端，与终端形成利益联盟，谁就在这场“战争”中基本胜出了。

最厉害的壁垒，我认为莫过于用户心智壁垒。比如，我们想喝凉茶，一定先想到王老吉，加多宝再怎么营销，最后会发现自己面临的对手根本不是广药王老吉，而是强大的用户心智，要改变凉茶和王老吉的心智联系实在太难了。

还有一种壁垒是给用户设置迁移成本。最典型的就是国内几大移动运营商对手机号码资源的垄断，造成用户的迁移成本增加。当然随着携号转网政策的落地，这个壁垒也就被打破了。社交也是这样一种壁垒，以聊天软件为例，你和你的朋友、家人都使用同一款聊天软件，一天你突发奇想，想使用另外一款聊天软件，但这不是你自己下载一个软件的问题，而是要协同很多人和你一起下载这个软件，迁移成本很大，想想都麻烦，于是就此打消这个念头。

最后，说一个几乎没有设置任何壁垒的行业：共享单车行业。这个行业因为基本没什么进入壁垒，导致竞争异常惨烈。从产品上讲，既做不到规模效应，也没有核心资源垄断的效应；从渠道上讲，很难实现独占，政府不会轻易给你特许经营牌照，而街道是公共资源，你能用，别人也能用；从用户上讲，没有任何产品在使用上有迁移壁垒，谁便宜、谁方便，用户就用谁的；从品牌、用户心智上讲，不管是小黄、小蓝、小绿，满足的都是用户的骑行需求，很难形成品牌占领用户心智，产生非其不可的效果。而这个行业仅有的建立壁垒的机会，创业者们也没有好好把握，那就是获取商业模式专利，如果前期第一家进入这个行业的商家好好研究一下商业模式专利，争取在商业模式专利上设置一个关卡，后面的战局可能完全不一样。

三、关系转化

创业者要学会“化干戈为玉帛”“团结一切可以团结的力量”，因为创业的助力越多，阻力越少，事业才能越好地发展。

面对直接竞争对手，如果不能做到彻底歼灭，就要考虑如何合作共赢。这里我比较推崇当当网的做法，当当网在与淘宝的竞争中，被淘宝吃掉很大一块蛋糕，当当网显然处于下风。但是作为图书垂直领域曾经的老大，当当网没有端着架子死战到底，而是在淘宝开了自己的官方旗舰店，与淘宝这个竞争者搞起了合作。后来，当当网发现自己过去自营自采的模式压力太大、效率太低，于是改为联营招商的模式。从自营到招商，这就相当于将过去众多的直接竞争者转化为合作者，当当网还能轻松从中获利。当当网这种善于与其他竞争者合作的精神值得我们学习。

又如，苹果公司一直坚持自己系统的封闭独立，尤其是与微软一直处于竞争态势，堪称是死对头。但是在苹果面临严重危机的时候，乔布斯毅然选择接受微软的投资，并将自己的系统向微软开放共享，正是有了这样的心胸，化竞争为合作，才有了苹果的起死回生。

再如，随着电子书行业的兴起，电子书企业与传统纸质书出版商必然形成竞争关系。面对这种情况，亚马逊将与传统出版商的竞争关系有效转化为合作关系，为出版商和作者都提供了丰厚的合作利润回报，甚至高过以往可以获得的收益，电子书的生态系统很快形成，亚马逊 Kindle 也获得了成功。而一个推广电子书失败的案例来自索尼，大家可能不知道索尼是电子书行业的开山者，因为索尼的高傲毁了成就自己的机会。索尼在最初研制成功电子书之后，将各大出版商叫到一起开会，说自己的产品如何跨时代，未来的市场如何好，让出版商给他们提供书籍的版权。可是索尼没有想过他的电子书对出版商的纸质书是一个巨大的冲击，这完全是一种竞争关系，如果你没有给人家足够的利益，人家凭什么与你合作，还把自己的未来都断送了呢？碍于面子，出版商表面上答应了索尼的请求，但是提供的都是质量不高的书籍的版权，最终索尼电子书以失败告终。

丘吉尔说："没有永远的朋友，只有永远的利益。"在商场上，应该是："没有永远的对手，只有永远的利益。"一个创业者千万不要满脑子都是竞争，而要思考如何避免竞争，如何将竞争关系转化为合作关系，这才是一个高明的创业者应该有的素质。

第三节　资源聚合三角：你创业所需的各种资源条件齐全吗

创业需要具备各类资源，尤其是人才资源和完整的供应链，这些资源是保证你的企业高效、稳定运作的必要条件。对于资源聚合，从创业的角度来看，我们主要考虑三个方面的因素：人才丰富度、供应链完整性、相关配套企业（见图 3-4）。

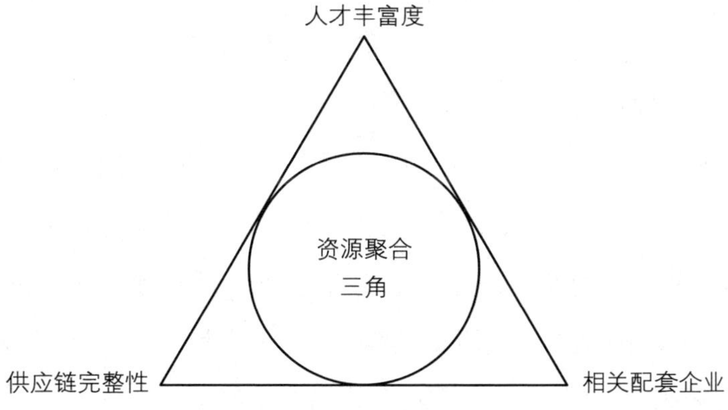

图 3-4　资源聚合三角

一、人才丰富度

创业者需要思考创业项目所在区域是否有足够多的、足够优秀的人才，尤其是你创业所需的核心人才在创业项目所在地是否容易找到。

越是优秀的人才，越是聚集在大城市，这些地方也容易实现他们的价值。在小城市，很多核心人才是根本找不到的，这样我们创业的质量怎么能保证。

也别指望优秀的人才到你所在的小地方与你一起创业。一是他不会来，大城市带给他的不仅仅是一份高额的薪水，还有大城市配套的教育、医疗、娱乐等服务设施。你即便能给他一份高额的薪水，你也给不了他大城市附带的福利。二是即便来了，他也待不了多久，他一定会走的。如果你真想创业，就要敢于抛弃一切，切断所有的依赖，到适合你的项目成长的地方去。

如果你非要说，我的创业项目是销售我家乡的土特产，这些资源只有我的家乡有，那么建议你将生产端放在老家，将运营端放在大城市。老家土特产的问题，不是产不出来，而是卖不出去。要想解决卖出去的问题，大城市的人才更能帮到你。

二、供应链完整性

供应链往往是创业者容易忽视的一个问题，尤其是供应链的完整性。原则上长期合作的供应链一定要尽量离你近，这样方便你随时与供应链进行有效的沟通，保证有效的供应对接。

我曾经的一次硬件创业失败，就是因为忽视了供应链问题。由于当地根本找不到合适的生产供应商，我只能去深圳寻找，结果原计划 100 万元的研发费用，仅不断从山西跑深圳进行沟通就花费不少。研发周期一拖再拖，最后，好不容易一代产品成型，但是质量极其不稳定。于是，又需要不断跑深圳，没等产品最终成型推向市场销售，我已经没有多余的资金支持公司的运作了。这个过程不光是浪费了大量的资金，而且浪费了大量的宝贵时间，消耗了团队的士气和心智。

这就是为什么很多国外的创业者，尤其是硬件创业者，不在他们自己的国家创业，而是不远万里跑到中国，跑到中国深圳，因为中国深圳有着全世界最完整的产品供应链，在深圳，他们的任何一个想法都可以马上落地，而在他们自己的国家根本做不到，中国完整的产品供应链，就是他们创业成功的一个基础保障。

供应链还有一个问题就是供应的稳定性，即你要提供的商品、服务、内容是不是能够稳定地向用户输出。

我曾经做了一个关于营销知识的公众号，从内容到形式，反响都不错。可是，一周一篇的个人输出，效率太低。而且在输出几十篇后江郎才尽，不知道该输出些什么内容了，于是最终放弃了公众号的运营。现在回想，如果当初有一个内容制作团队和产品生产机制，保证内容的持续供应，还是有机会做出一个大号的。

另外，创业者还要特别注意产品质量的稳定性问题，也就是产品能否标准化的问题。拿罗振宇的得到来说，他们是做内容输出的，其实内容输出一般是很难标准化的，每个作者、每个编辑对这件事情的把控能力都是不一样的，输出的质量也就很难把控。但是如果没有解决这个问题，每次输出的内容在质量上都参差不齐，长此以往将影响用户体验，得到也将无法保证良性发展。所以，这个产品标准化的问题一定要解决。为此，得到制作了详细的产品内容的品控手册，确保产品输出的高质量、标准化。

要解决产品质量的稳定性问题，核心是保证生产过程的稳定性。比如，实现菜品质量的稳定性，尤其是中餐，核心是解决厨师制作过程的标准化问题。又如，实现网络教育质量的稳定性，核心是解决教师培养的标准化问题。要知道在这个行业不是有统一的教材就实现了产品的标准化，这个行业产品标准化的核心是教师教授这件事的标准化，同样一本教材，不同的教师教授的效果截然不同，只有在教材标准化的基础上实现教师教授的标准化，才能保证教学质量的稳定性。

所以，获得稳定供应高质量产品的能力，是一个创业者应该优先考虑的，不能等产品面市了，才发现自己不能稳定地提供高质量的产品。例如，你开一家餐馆，你就要想办法保证供应链里各个要素（如原材料、厨师等）的稳定性，以保证菜品的质量。如果这些生产供应的基本环节保证不了长期稳定，你的产品供应怎么可能稳定？产品质量不稳定的企业，又如何获得用户的信赖？

三、相关配套企业

在创业的过程中，你不可能对所有的事情都亲力亲为，一定有一部分业务需要外包给其他企业来帮你完成，如物流、营销、美工、法务、产品设计、培训、会计等。这是社会发展、分工细化的必然结果，而且可以保证你将主要精力都放在核心业务上，从而提升你的核心运营效率。

然而，对于很多小城市来说，往往不具备基本的企业配套服务能力，哪怕是一个简单的物流，都可能不具备条件，或者成本极高。那么可想而知，这样的环境不会有助于我们创业。

尤其是生产复杂的产品时，企业往往不能自己进行所有零部件的生产，外包或者外部采购是一种必然。我曾经去国内某大型客车企业考察，发现围绕客车生产企业的方圆几公里都是为它提供配套生产服务的企业，这就为企业的生产提供了有力的保障。如果这些配套生产企业离企业生产地非常远，那对于企业的生产经营就十分不利。这也是为什么像苹果这样的企业虽然想彻底搬离中国去往东南亚，但实际上十分困难，原因就是东南亚配套的供应链生产企业不健全，难以支撑配套供应。

因此，不论从地利资源聚合的哪个条件来看，选择一个合适的创业地对创业成功都是非常重要的。创业本来已经不易，我们就更要给自己创造良好的环境，避免给自己设置障碍。

总体来说，我们这一代人应该庆幸自己身处中国这个大环境，这个生存空间在接下来的几十年都是极具优势的。

一是从天时来看，我们赶得正正好，第四次工业革命刚刚开始，而面对第四次工业革命，中国已经具备了领先的技术和市场条件。

二是从地利聚合的角度来说，中国当下有着得天独厚的优势。中国的创业基础条件已经变得十分完善了。比如，基础的电力设施、交通设施、网络设施、完整的供应链等，这些我们习以为常的东西，为我们创业提供了最大的基础支持。又如，我们的人才供应能力极强，中国在教育上的投入保证我们拥有大量的优质人才，这在很多国家是不具备的。

接下来，就待吾辈开创一片新天地了。

第四章

商业模式三角：如何设计独特的商业模式

你可能很纳闷，为什么将商业模式放在“地利”这个大的板块来讲。理论上，商业模式不是地利聚合条件，但地利聚合条件一定程度上是商业模式生发的土壤，有什么样的土壤条件才能生发什么样的商业模式。

之所以这么说，是因为商业模式的本质就是各种资源条件和商业要素的不同组合，是各种利益相关者的交易结构。而这种资源条件和交易的利益方，基本都在“地利”条件里体现。

比如，互联网时代以淘宝为代表的平台模式，至少要具备一定的网络基础条件，以及实现线上支付、线下交付的交通基础和物流条件。如果没有这些条件，线上的平台模式就无法形成闭环。

从更大的尺度来说，我们现在的商业成就和各种商业模式都是建立在第一次工业革命、第二次工业革命、互联网和移动互联网信息革命，以及正在发生的以大数据、人工智能、新能源等技术为代表的第四次工业革命的基础上的。

商业模式设计是一个创业者必须亲自完成的重要工作内容。商业模式设计能力是衡量一个创业者对商业底层运作逻辑是不是真正理解和理解的深入程度如何的重要指标。创业者要完成商业模式设计，一方面要对商业机会具有一定的敏感性，另一方面，对商业内在构成逻辑的理解要达到一定深度。

在学习了诸多商业模式方面的知识之后，我觉得魏炜[①]老师讲的“魏朱商业模式”理论对商业模式的分析较为透彻。下面我将在魏炜老师这个理论的基础上，用自己的三角框架进行描述。

需要特别说明的是，创业者一味学习这种模式、那种模式其实意义不大，不能人家热捧平台模式，你就觉得这个东西好，人家热捧免费模式，你又觉得那个东西更好。那么，什么才是最好的商业模式？其实适合你的商业项目的才是最好的，哪怕它可能不流行，没有热度，也很土，可是它就是适合你，很有效。商业模式的核心还是利益相关者的交易结构，如何有效搭建这个稳定的交易结构才是核心，而不是拘泥于商业模式这个形式本身。

我们先看一下魏炜老师对商业模式的定义：企业为了最大化价值而构建的从事业务活动的利益相关者的交易结构。其核心是利益相关者的交易结构。比如，我们和供应商、渠道商、用户、内部员工甚至资金方等在业务结构中占据什么位置？他们与我们的相互作用关系是什么？

下面让我们通过对商业模式三角（见图 4-1）的讲解来进一步理解。

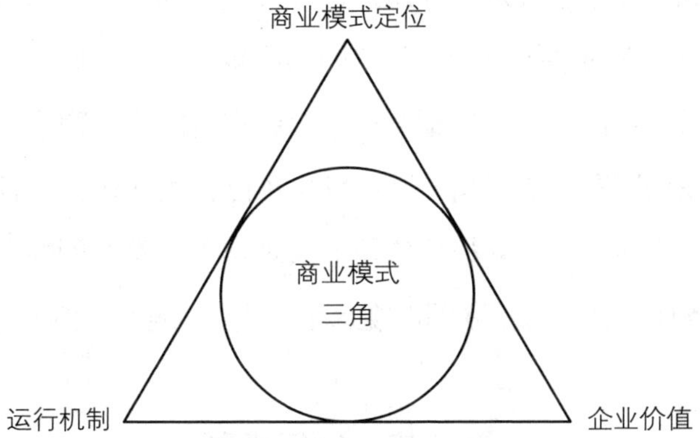

图 4-1　商业模式三角

① 魏炜，北京大学汇丰商学院教授。

第一节　商业模式定位

商业模式定位核心要考虑的是用什么方式来满足用户的需求。比如，一个优秀的英语老师，为了满足学生的英语学习需求，在商业模式定位上可以是做一名机构的英语老师，在线下开班授课；也可以做一个一对一的家庭英语教师；还可以录制一个系列的英语课程（或者在线上招生直播授课），在线上交付课程；或者可以开发一套课程，授权给机构和个人，然后赚取版权费；当然，也可以建一个网络平台，找更多的英语老师一起来提供英语学习方案。大家可以直观地感受到，对于同样一件事情，选择不同的商业模式定位，其涉及的利益主体和相关者是不一样的，其需要调动整合的商业资源以及投入的成本是不一样的，其未来可能创造的商业价值也是不一样的。其实从上面的描述中大家也能看出，所谓商业模式定位，核心就是产品形态定位，产品形态一旦定位，企业的核心价值和上下游价值链的构建也就基本有了方向。

又如，在电视机行业，传统的电视机厂商是卖电视机这个硬件，赚取的是有限的硬件利润。而小米、乐视等用几近硬件成本的价格出售电视机，他们不挣硬件的钱，而是在后端搭建基于互联网的内容平台，他们可以卖内容、卖入口、卖平台流量，从而把过去机顶盒厂家、电视台的钱全赚了。商业模式定位一变，整个“战场”和“战利品”全都发生了巨大的变化，而且过去的胜利者们还束手无策。当然这个商业模式定位的实现得益于互联网的发展，没有高速网络这个土壤条件，就没有互联网电视这个品类的兴起和相应商业模式的成立。

第二节　运行机制

在“魏朱商业模式”理论中，运行机制是由四个核心要素构成的，即业务系统、关键资源能力、盈利模式、现金流结构。再加上商业模式定位和企业价值两个要素，就构成了魏朱商业模式六要素理论（见图 4–2）。

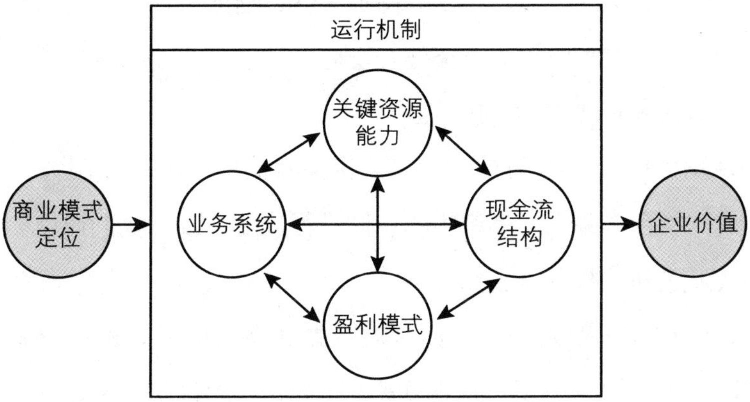

图 4–2　魏朱商业模式六要素理论

一、业务系统

业务系统搭建是商业模式设计的核心。一个创业者在明确了自己的商业模式定位后，要能够将整个商业模式前端、中端、后端相关利益者的业务位置和交易关系清晰地表达出来，输出一张自己的业务系统图。

这张业务系统图为你实现战略定位提供了关键做法和路径。这个路径设计应该有四两拨千斤的效果，能够帮助你将有限的资源用在最有价值的地方，教你学会借力打力，放大你的能量。本质上说，这种四两拨千斤的路径设计就是要解决企业的效率问题。

什么是效率，就是投入少，产出高。创业者最忌讳的就是口袋装满钱，满不在乎，随便烧钱，投入多，产出少，甚至是产出没有投入高，这样的创业是没有意义的。如果你没有找到效用最大的花钱方法，就是对自己和投资人不负责任。

那么，如何设计业务系统呢？首先要明白，一个商业模式的业务系统一般都会涉及接触用户的前端、明确自己企业价值位的中端和稳定提供产品的后端这三个部分。在这三个部分里会涉及各种利益相关主体，比如，前端的销售商、用户，后端的供应商，中端的内部员工等，这些主体在交易结构中都有自己的位置和作用，这种位置关系搭建好以后就要考虑企业与这些利益相关者通过什么交易形式来实现利益交换了。

例如，我们可以直接购买一个利益相关者提供的产品或服务，我们也可以与其结成一种合作关系，就产生的利润进行分配，或者我们通过参股、入股的形式与其形成利益共同体。

业务系统构建更精妙的是，通过对原先交易结构下的角色职能进行重新划分，可以形成新的更高效的商业模式。比如，过去传统的销售渠道采用的是由加盟商投资和经营的加盟模式，而海澜之家将其改为加盟商投资，海澜之家委派店长经营管理，加盟商享有 40% 的分红权，这样加盟商仅仅是一个投资者，海澜之家牢牢掌控了店面的经营权和所有权。

更精彩的是海澜之家与供应商之间的职能划分，过去的服装品牌企业一定会将服装的设计权牢牢掌控在自己手里，而海澜之家将设计权交给了供应商，只负责在供应商设计的产品中选款，并且供应商需要先铺货到海澜之家的店面，卖不了的商品由供应商担责，海澜之家的核心职能是做广告推广、店长培养、店面运营，使其终端具备强大的销售能力（见图 4–3）。因为海澜之家

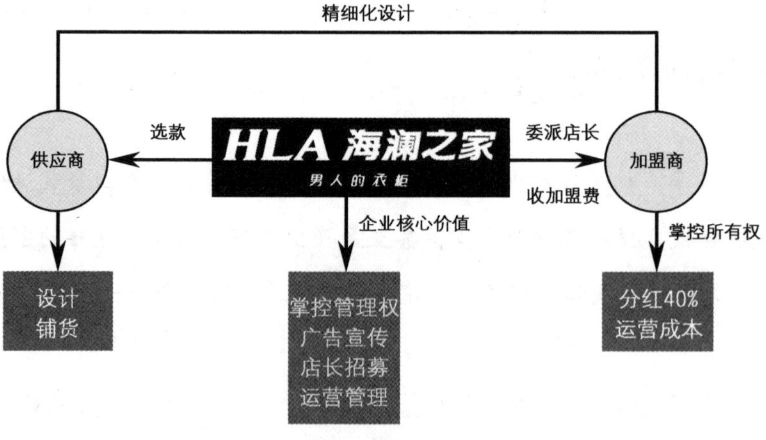

图 4–3　海澜之家的商业模式

能够拉动巨大的销售量，所以供应商愿意与海澜之家这么玩，而且供应商会对自己设计的产品更加负责任，从而推动实现更好的销售。

本质上，这种角色职能的划分是行业价值链中各个企业价值或企业内部价值的重新分配，而商业模式设计的精妙之处也正在这里。比如，链家地产主导的贝壳网之所以能够成功，一个很重要的原因就是对内部的地产经纪人的价值进行了重新划分，让内部合作变得高效。

另外，一种更深层次的商业模式构建方式是进行商业要素拆解和关系重构。比如，拼多多对电商“人货场”的商业要素进行了拆解。过去电商“人货场”的商业逻辑是“人找货”，典型的代表是淘宝。而在移动互联网条件下，拼多多发现可以将“人找货”的商业逻辑改为“货找人”，通过微信让用户去裂变用户，从而获取巨大的廉价流量，并实现货物和人的最终匹配。这个模式的关键不在于简单地调整了“人货场”的顺序，而是通过微信的流量红利构建了人和货的新的结合方式，这才是拼多多前期能够快速崛起的核心（见图 4–4）。

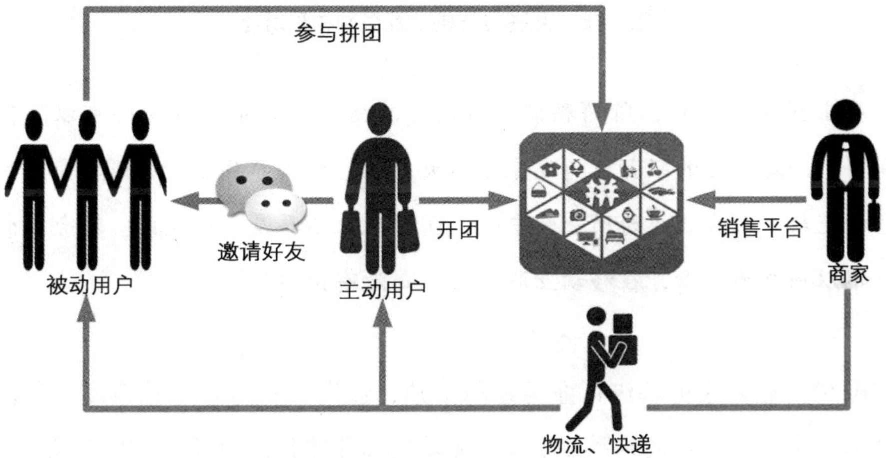

图 4–4　拼多多的商业模式

从“人找货”到“货找人”的逻辑转变，看似很高大上，其实这种逻辑关系在最初的商业形态里就已经存在。“人找货”就是典型的坐商，“货找人”就是典型的行商。只不过在过去，行商挑着扁担找人，无法形成规模，效率太低，是小买卖。但是在移动互联网时代，因为新的工具的出现，让这种“货找人”的商业逻辑可以借到更大的力，得以释放巨大的潜力，从而形成规模，提升效率。

正是移动互联网这个土壤培育这种旧模式实现新成长。回头看，移动互联网的土壤成分和互联网的土壤成分是不一样的，由于土壤不同，商业逻辑就完全不一样，产生的物种也不一样。我们可以用一张图来表现这种区别，如图4–5所示。

时代	资讯	视频	商务	场景逻辑
互联网时代 桌面电脑	百度	优酷 / 爱奇艺	淘宝	流量逻辑 – 搜索 主动行为
移动互联网时代 手机	今日头条	抖音 / 快手	拼多多	人的逻辑 – 推荐 被动行为

图 4–5　互联网与移动互联网物种对比

从上图对比可知，所谓移动互联网，其核心不只是网络变得可以随时随地获得，而是底层的经营逻辑发生了重大变化，即由产品经营的逻辑变为用户经营的逻辑。人真正成为商业的中心，用户至上不再是一句空话。不会经营用户，不以用户为中心，在移动互联网时代是没有出路的。

围绕商业要素拆解进行业务系统搭建，还有一种方式是减少或者弱化商业要素。也就是将原来关系某个业务成功的商业要素，通过一定的方式方法进行减少或者弱化，形成巨大的经营优势，以获得成功。

比如，在便利店行业，连锁便利店的核心商业要素有店铺位置、店长、供应链、店铺的规模和密度等，其中店长是店铺经营的核心。一个店铺的日常运营管理、各类决策都是由店长来完成的，一个店铺的成败很大程度上取决于店长的能力和水平。但要获得优秀的人才，需要花费较高的雇佣成本，便利店的运营收入难以支撑。因此，使用传统的加盟模式无法保证店面的高效运营，甚至还会损害品牌形象。

在传统便利店的运营模式下，便利蜂通过店面运营的全面数据化来降低对店长能力的要求。从商品选品、陈列、活动打折、补货到员工排班等，涉及店面经营的活动只要是能数据化的，全部由数据来管理，人只是数据决策的执行者，这样既降低了对店长能力的要求，又缩短了店长的培养时间，为店面的快速扩张提供了支持。通过数据化运营，便利蜂降低了对核心人才的需求和培养成本，不仅提升了店面运营水平，还优化了内部交易结构，从而在便利店行业的竞争中处于优势地位。

除了减少或者弱化某个商业要素外，还可以增加或者强化某个商业要素。总的来说，不论是减少还是增加，都是要使商业运营获得更大的经营优势。比如，“互联网 + 废品回收”，就是增加了互联网这个新的商业要素，使过去的废品回收模式实现翻天覆地的变化。

最后，在业务系统的设计过程中，我们还要注意供需关系的变化对商业模式的影响。供需关系的不同决定了主要服务对象的不同。例如，煤炭市场处于供大于求的阶段时，客户是强势的一方，如果我们是煤炭交易网络平台，商业模式的核心一定是帮助客户竞买到更便宜的煤炭，而无法兼顾煤炭企业的利益；如果是供小于求，则煤炭企业就是强势的一方，平台的商业模式一定是帮助煤炭企业竞卖，实现煤炭企业利益的最大化，而无法兼顾客户的利益。

又如，随着房地产市场供需关系的改变，房地产销售模式发生了深刻的变化，因为房地产商在新的供需关系下变得不再像过去那么强势，反而是客户占据了一定的优势地位。

从供需变化这个角度看，滴滴打车面对乘客和司机这两个利益主体，采用了所谓的太极战略，即兼顾乘客和司机的利益。这正是体现了对供需的平衡，而且是通过数据管理实现了实时的供需调节，可谓十分高明。

比如，在非用车高峰期，乘客可以以正常的价格叫到车辆，抢单的司机也很多。在用车高峰期、偏远地区或者是夜间车辆较少的时候，用户可以通过提高叫车成本来叫到车辆。这个过程中，用户虽然支付了较高的用车成本，但是优先获得了用车服务，节省了大量时间成本，这绝对好过在急需用车的时候却打不到车。在这种模式下，滴滴做到了既保障乘客的利益又保障司机的利益，从而实现一种供需的平衡。

二、关键资源能力

关键资源能力是企业构建自己在产业链中的核心价值的依托，是构建四两拨千斤的商业模式的关键。一个没有关键资源能力的企业，在价值链的交易中是可有可无的，即便能够存在，也只能做价值链中最低端、最累、最不挣钱的事情。只有那些拥有关键资源能力的企业，才能在价值链里占有一席之地，甚至是占据优势位置。比如前面讲到的海澜之家，正是其所拥有的关键资源能力塑造了企业的核心价值，才撬动上游和下游与其合作，其商业模式才得以成立。所以，一个创业企业要想最终撬动市场合作，构建一个优秀的商业模式，核心是打造自己的关键资源能力。合作的本质是价值交换，你只有具备价值，合作才有基础。

另外，创业者在创业时极其容易从自己的核心优势、关键资源能力出发，去寻求创业方向和项目。有优势、有资源固然很好，可以让强项发挥最大化的价值。但是，我们也不要迷信创业非要匹配自己的关键优势和资源。因为你过去的优势和资源，在当前的发展环境下是否仍是优势和资源，还很不好说，极有可能优势已变包袱。

当没有明显的核心优势和关键资源能力的时候，我们该如何做？答案很简单，找呗。设计好你的商业模式，明确你的企业价值，在这个模式和价值的指引下，明确自己需要的关键资源能力是什么，然后去积极寻找。

得到的罗振宇是有核心优势和关键资源能力的，但是滴滴打车的程维在进入出租车这个市场时，有什么核心优势和关键资源能力吗？他对出租车市场不熟悉，没有经验积累，就连滴滴运营最核心的网络和数据能力，在前期的时候都是找软件开发公司帮忙构建的。

思路决定出路，很多问题都需要我们换个角度思考，不要让一些习以为常的所谓“正确”的价值观捆绑自己。有时候并不是环境束缚了我们，而是我们自己束缚了自己。

三、盈利模式

盈利是解决用户需求后的自然结果。是否能够收费，收什么费，收多少费用，是由你给用户解决了什么问题和解决了多大问题决定的。有些培训大师讲的盈利模式设计，我个人是比较反感的。一个项目设计出五花八门的盈利来源，好像天下的钱都应该被他挣了似的。其实这都是无根之木，无源之水。而且很多轻松就能挣到的钱，无形中都是以伤害用户体验为代价的。

正确的盈利之道应该是：你解决了用户的什么问题，你就挣什么钱，其他不该你挣的钱请克制。那些以伤害用户核心体验换取利益的行为，最终会损害企业的长期发展。

如果你的用户不愿意付钱，只能说明你还没有解决用户的问题，或者解决的这个问题对用户不重要。比如，某 App 用免费提供天气相关信息的方式聚集了一批用户，却一直无法变现。这是因为天气相关信息对人们来说其实并不是天天都需要高度关注，而且现在打开手机主屏都会提供天气相关信息，至于穿衣指数什么的，对多数用户真的是无关痛痒。你的 App 即使被用户下载，也基本是一个躺在手机里的僵尸 App，那么请问你如何用免费模式实现流量变现，你的第一级火箭就没有动力，哪来的后续流量蓄水池和流量变现？

说到免费模式，我们不得不谈谈 360。360 首先是找到了电脑杀毒这个用户刚需，而且免费产品的交付成本基本为零。另外，核心是 360 并没有直接向用户变现，而是连接了第三方利益相关方——广告商，轻松实现了“羊毛出在牛身上，猪买单”的免费商业模式。这里面“牛”免费吃到了“草”（用户免费使用了杀毒软件），付出了自己不太关心的“羊毛”（花很少的时间成本看个广告，不喜欢还可以随时关闭），最后360作为“牧场”的经营者，用基本免费的“草”，以很低的成本就获取了大量的“牛”，又找来大量的“猪”带着广告来到“牛”圈前，让“牛”们在准备吃“草”的时候，抬头看一眼“猪”带来的广告，这样“猪”就心甘情愿地给360这位“牧场主”付钱了。这里的核心是在不伤害用户核心利益的情况下，拉入其他利益相关者进行变现，而且发生的新交易的变现阻力很小。

现在很多免费看小说的App用的都是免费商业模式，无非是中间多了个小说作者和网站进行广告分成的环节而已。其实不论是360的免费模式，还是免费小说的模式，与过去的电视台模式有什么区别？太阳底下无新事啊。关键是你的免费产品要对用户有吸引力，是用户的刚需。例如，小说对于很多人是很有吸引力的，追一部小说追上瘾了，基本上是天天追，在线时间也很长。为了免费看小说，花30秒看个广告，这个成本对用户而言相对也很低。

所以说，如果你的第一级火箭没有动力，制造成本又很高，需求程度又较小，变现阻力又很大，那就别费力想什么免费模式了，结果只能是徒劳，还不如集中精力做好自己的核心产品，通过解决用户真正的需求，实现最终的价值变现。说到底，盈利的核心是解决用户的问题，提供满足用户需求的产品或服务。

如果非要说盈利模式设计，就是从卖产品转变到卖服务，将一次性的产品收益转变为长久性的服务收益。比如，互联网电视就是采取这种盈利模式的典型。又如，很多节能设备厂商也采用了这种盈利模式。再如，利乐包装企业将过去一次性卖设备的盈利模式，转变为包装设备以原设备价格20%的超低价出售，后期捆绑出售包装耗材的盈利模式，从而将一次性收益变为长久性收益。

盈利模式设计的核心是设计如何满足用户的需求，而绝对不是设计我能在这个交易里挣到这样那样的钱。最后再提醒一句：你该挣什么钱就挣什么钱，别贪心。

另外，产品收费方式会对整体交易结构产生影响。比如，得到采用了单个小产品定价出售的方式，而不是将产品以会员套餐的形式出售。这种定价方式降低了用户购买的决策难度，避免了因捆绑销售的高定价而给用户带来额外的成本负担，既有利于市场拓展，又有利于在产品作者与得到之间建立长期的利益分享机制，提高产品作者与得到合作的积极性和稳定性，进而保证产品质量的不断提升。可见，这种收费方式有利于交易结构的稳定。

而混沌大学采取了所有课程打包、按年收费的套餐销售形式。在这种收费方式下，其交易结构无法给授课的老师提供长期稳定的利益，最多实现上一次课给老师一次授课费，而很多大咖老师其实根本不在乎那点授课费，请一次碍于面子人家能来，请多了人家是来还是不来？相对于得到的收费方式，混沌大学的收费方式无法实现市场的快速拓展以及与老师的高度绑定，也不利于课程质量的提升。当然，我们也看到现在混沌大学在这种收费方式之外，也开始尝试开设一些老师的独立收费课程，正在逐步改进收费方式。

最后，盈利模式要满足一个简单的公式，即盈利 = 收入 − 支出。无论如何，你的收入一定要能覆盖你的支出，当然特殊时期为了抢占市场而进行补贴造成的亏损另当别论。但一个合格的商业项目一定是具有长期稳定盈利能力的项目，那些单纯通过补贴赚流量的项目大多是不靠谱的。即便是基于互联网思维的先抓流量后找盈利模式的项目，最终项目成功的关键点还是要落在实实在在地找到了盈利模式上。否则流量不能变现，商业模式行不通，项目只有失败这一条路。

当然，上面讲到的从卖产品到卖服务的盈利模式的转变，存在着产品直接亏损的问题。但是本质上，其将一次性的产品收益转化为未来多次的可持续性收益，而且收益较一次性收益大幅增加。不过这时需要引入一个资本方，支持产品硬件的免费投放，如果企业实力雄厚，也可以自行垫付生产资金。

还有一种情况是项目挣钱，但是创业者把挣的钱拿去投资未来了，导致公司整体长期亏损，甚至还要不断融资。投资未来可以，不过前提是目前的项目本身是挣钱的，而不是项目本身亏损。其实，这种长线投资思维是真正的企业家所应具备的。

再者，就是价值迁移了，即这个项目本身的价值已经不重要，该项目被具有更大价值的项目圈养了。比如，共享单车大战中，每天有大量的现金流进入，几乎达到不计成本的程度。但是共享单车市场真有那么大的价值吗？当然不是，背后是腾讯和阿里在争夺支付的入口，支付才是“战争”的核心。对共享单车的投入被腾讯和阿里当作自己的支付业务实现市场拓展的成本，至于共享单车创造的价值已经不重要了。

除了盈利模式外，容易被创业者忽略的另一个问题是盈利单元。什么是盈利单元？简单说就是做到什么规模才可以挣钱。比如小米极具性价比的手机，它的盈利单元是销售达到多少万台，如果没有突破这个边界，则整个商业模式交易结构的搭建都是失败的。

又如，连锁快餐店的盈利单元可能是开上百家快餐店，如果达不到这个规模，连锁快餐店就极有可能无法盈利。原因是连锁快餐店的正常运营需要统一的中央厨房、物流配送、后台管理等来支持。由于整体运营成本较高，需要一个较大规模的门店数量来支撑整个交易结构。但是，一家店的盈利单元就是一个单独门店，你不能说我一家店不盈利，等开到十家店的时候就可以挣钱了。一家店就是一个完整的交易结构，如果一个交易结构下的商业运营不盈利，怎么可能通过规模扩大来实现盈利，只能是开得越多，亏得越多。

另外，从成本支出的角度来看，成本转移是最值得我们去做的一种盈利模式设计。传统意义上，我们会认为成本是需要自己支付的，谁会愿意帮我们承担成本，别人又不傻。不过，我们应该思考一下是否可以找到能够进行利益交换的第三方。

例如，你开了一家烟酒专卖店，要装修门头，装修费是一笔不小的成本，这时候你就可以找一家知名的酒厂，让他们付钱来帮你装修门头，你只要在门头上留一小部分位置来展示酒厂的广告信息就可以了。

又如，申通快递有一次需要印刷2500万个手提袋，一个手提袋的印刷成本是1元，费用就是2500万元。他们没有自己出钱去印刷这批手提袋，而是找到了可口可乐，让可口可乐来承担这笔印刷费用，可口可乐最终答应了。只是手提袋上绝大部分的面积需要印刷可口可乐的广告，申通快递的字样只占印刷面积的一小部分。这其实与高校开联欢晚会拉企业赞助是一个道理，高校将本来需要自己承担的晚会费用，通过允许企业在学校进行适当宣传转嫁给了企业。

再如，过去很多电脑企业的广告最后会出现Intel的贴片广告，很多天猫商家的广告最后会出现天猫的贴片广告，电影播放中会出现一些赞助商的贴片广告等，这些都是成本转移的做法。

四、现金流结构

不盈利的公司不一定死亡，但是现金流断了的公司一定活不下去。商业运营的血脉就是现金流，而现金流一定要充足、安全。问题是创业公司往往是缺钱的，充足谈何容易，安全更是奢望。下面，我们谈谈如何通过现金流结构设计，解决以上两个问题。

从资金的来源上看，创业者除了用自己的钱，就是拿别人的钱，这里的别人主要是投资者和借贷者。投资者的投资行为主要分为股权投资和权益投资两种。借贷者的投资行为主要分为银行借贷和个人借贷两种。由于初创企业是较难申请到银行贷款的，而个人借贷的风险又比较高，因此这里我们不做讨论。投资者的股权投资当然是最优选项，但是要注意控制权的问题，后面章节会专门分析该问题。

我们重点说一下权益投资对创业项目的影响。本质上说，创业者获取投资者的权益投资，就是拿未来的收益获取现在的资金。创业者看重的是现在的资金，投资者看重的是未来的收益。投资者可以不要经营权，不要决策权，但他们最关注的是未来的收益权。就像我们前面提到的海澜之家，其加盟商只是权益投资者，既不负责经营，也不负责决策，只要海澜之家每年保证将经营利润的 40% 分享给他们。而海澜之家拿到加盟商的投资款之后，就可以实现渠道的快速拓展。

又如，麦当劳在拓展上选择了加盟模式，要求必须是自己直营店的店长才有资格加盟，而且只有店长加盟后第一家店经营成功，才能继续开分店。这种加盟模式将加盟者的来源限定在直营店店长这个范围内。但是投资加盟的直营店店长有限，加盟后愿意开分店的店长就更有限。在这种加盟模式下，投资者的来源就十分有限，其前端拓展的速度就会受到严重影响。而肯德基采用了特许加盟的扩张模式，将其自营成熟的盈利店面转售给加盟者，与其建立长期的合作关系，再给予加盟者经营管理上的扶持，确保项目的成功。肯德基的加盟模式调度人、财、物资源的效率就高于麦当劳，因此店面数量最终远超麦当劳。这里的肯德基在一定程度上就是对加盟商释放了一种权益投资，加盟商通过投资获得店铺未来的收益，只是肯德基连经营权也一并转给了加盟商。

从资金的流向上看，我们的钱会先流向供货商变成商品，然后把商品卖给用户，再变成钱。这个循环里与钱发生连接的三个利益相关者是供货商、用户和我们自己。能优化的两个变量分别是供货商和用户。

从供货商这端看，如果我们在交易关系中占有较强的生态位，也就是我们处于强势地位，我们就能让供货商提供足够好的账期。国美、苏宁这些家电连锁巨头在与家电企业的交易中，就让后者提供 3~6 个月的账期，格力则正是因为无法忍受连锁巨头占用他们大量的现金流，而建立了自主的销售渠道。

从用户这端看，我们可以通过预售、众筹、团购等形式，先收钱、后采购，让资金流向倒过来，这样既可以降低对资金的需求，又可以降低资金的风险。但是这种做法实质上是将风险转嫁给了用户，能不能保证用户的权益是关键。如果你保证不了，千万不要这样做。

预售模式玩得最好的，在中国要属房地产企业了。但是我们也看到某些房地产企业自己没有那么大的能力，还想挣更多的钱，最终导致资金链断裂，损害了众多家庭的利益。对于采用预售形式的商业模式，国家应该通过严格的法律来管控，因为这种商业模式的核心特点就是将风险转嫁给了用户，而用户在这个交易过程中又处于非常弱势的地位。

再从交易结构上看，在一项业务的交易结构中，各个环节都是需要投入资金并承担资金风险和运营风险的，最终通过交易结构的设计，要实现创业者资金需求的降低和风险的有效转移。当然，搭建一个交易结构时，我们也必须考虑交易结构中每一个交易者的资金投入、收益和风险是否平衡，甚至要让相关的交易者获得更大的利益，这样别人才会愿意和我们一起玩。

如何实现风险的有效转移呢？比如，在可口可乐公司的业务结构设计中，核心是负责销售的可口可乐销售公司，这是由他们自己负责运营的，销售公司下面又招募了代理进行渠道和终端拓展；还有负责生产罐装可乐的可口可乐灌装厂，这个灌装厂是第三方投资者建厂并负责生产的，可口可乐公司自己不投入重资产进行生产，从而降低资金投入的风险，并提高自身的收益。

可口可乐公司自己投资了一个生产可口可乐浓缩液的公司，负责给灌装厂提供浓缩液，灌装厂只要按比例加水就行。更厉害的是，为了进一步降低运营风险，浓缩液公司把浓缩液中蔗糖的成分也拆解出来，不在浓缩液公司生产，而是交由灌装厂按照比例来添加，原因是蔗糖作为国际大宗交易物品，价格波动幅度太大，蔗糖价格高的时候浓缩液公司面临亏损的风险，而将蔗糖采买成本转嫁给灌装厂，浓缩液公司就有效规避了经营亏损的风险。你可能会问，灌装厂愿意吗？放心，在一个交易结构中的相关交易者一定是自己算过账的，是他觉得值才加入的。

看了可口可乐的案例，我们是不是就能学可口可乐呢？答案是不能。因为你不是可口可乐，你不处于产业链的强势位置。不论是学理论还是学方法，一定要注意其应用边界，不注意应用边界，一味照搬照抄，往往是死路一条。

同样是交易结构下的风险转移，可口可乐能将风险转移给合作伙伴，但是创业者可能就要承担更多的风险才能实现顺利的合作。例如，六个核桃创业刚刚开始时，没有经销商愿意销售其产品，为了开拓市场，六个核桃承诺销售不了的产品无条件回收，这才有经销商愿意尝试销售。

最后，不论你是如何获取资金的，如何改变资金流向的，如何延后付款时间的，如何预收货款的，如何转嫁风险的，作为创业者，你一定要有一种能力，就是省钱过穷日子。要把一分钱掰成两半儿花，让每一分钱都能发挥最大效用，让每一分钱都能实现杠杆作用，撬动更多的资源。即便口袋里的钱都溢出来了，也要坚定地认为自己是真没有钱，每次都要逼问自己：如果我现在没有钱，这件事情我该怎么做。记住，但凡花钱能解决的问题，都一定不是问题。阿里巴巴失败的项目不少是投入重金的项目，而成功的项目不少是投入一点小钱，没有利用集团资源，全靠创业者的智慧化解难题的项目。

第三节　企业价值

企业价值就是企业为交易结构中的利益主体提供的价值，企业通过创造价值获取自己应得的利益。

比如前面的案例海澜之家，对供应端，海澜之家凭借强大的店面出货能力为他们解决了销售不畅的问题，有了这个价值提供，供应商才愿意与海澜之家合作；对投资者，海澜之家能够保证投资者获得稳定的收益，这就是其对投资者的价值，如果没有这个价值，投资者岂会投资；对用户，海澜之家定位为“男人的衣柜”，精准锁定男性用户这个消费群体，为其提供物美价廉的产品。

又如，滴滴打车为乘客和司机提供高效匹配的服务价值，司机不用满街转悠而找不到乘客，乘客也不用苦苦等待而等不到车辆，司机赚得多了，乘客用车也方便了。

你的企业价值主张就是别人陪你一起玩的理由。企业核心价值塑造是构建商业模式的基础，没有谁会找一个没有合作价值的合作伙伴。

企业价值的构建过程是培育自己核心能力的过程，你的价值来自你的能力。一个厨师说自己可以给大家提供美味的菜肴，那他一定要有个手艺来支持，而手艺一定是苦练出来的。创业者要想给别人提供价值，就要打造自己的核心能力。

例如，海澜之家的核心能力是营销宣传、店长培养、店面运营，海澜之家只有具备了这三种能力，才有可能实现其对供货商、投资者的承诺。而滴滴打车的核心能力一定是高超的数据运营能力，只有实现高效的数据运营，才有可能实现需求的高效匹配。

另外，企业价值的实现还要有足够的信任作为支持。在平台模式被热捧的阶段，曾有一个广告行业的从业者很兴奋地对我说："我可以搭建一个平台，主要连接广告原材料供应商和广告商家。我先聚拢起一批广告商家，汇总他们的采购需求，然后再反向去向原材料供应商大额采购，这样就可以为广告商节省采购费用。可是我谈了好几家都没有人愿意与我合作，这些人真是一点合作精神都没有，都想着各自为政。"在这个设想的交易结构中，他可以为广告商家提供价值，即降低采购成本，可是为什么没有一个商家愿意与他合作呢？原因很简单，大家对他没有信任感，不是不认可他说的价值点，而是无法信任他能够为大家提供这样的价值。

任何交易的底层一定是信任，而信任是有成本的，你要为信任的建立提供成本担保。比如，阿里巴巴在前期推广淘宝的时候，交易面临的最大障碍就是网上付款：客户付款给商家了，商家卷钱跑了怎么办？商家先发货给客户，客户不付钱怎么办？因此，商家和客户相互之间很难建立信任。如果解决不了信任问题，交易就无法进行。于是阿里巴巴推出了支付宝，由阿里巴巴做交易担保，将钱放在支付宝这个第三方，这样交易双方将自己对支付宝这个第三方的信任转移到对方身上，交易的信任成本大幅降低，交易得以顺利实现。

总体来说，企业价值就是企业为交易结构中的各利益方提供的价值，支持这个交易结构的底层是企业能力和信任，有了这个价值，企业在交易结构中也就有了自己的位置。

第四篇

创业第三法则：谋求人和

第五章

人和构建三角：抓住关键的“人和”要素

“人和”是创业判断三角里的最后一个要素。从主客观的角度看，“天时”“地利”都是客观因素，发挥能动性的空间很小，而“人和”是主观因素，能够发挥很大的能动性，变数非常大。所以从成事的角度看，客观因素是一件事情能不能做成的基础，而在具备了客观条件后，人这一主观因素就成了能不能做成的关键。所谓“尽人事，听天命”也是这个道理，就是要基于大的客观条件，最大限度地发挥人的主观能动性。因此，人是最宝贵的，同样一件事情，不同的人做会有不同的结果。

这里要强调一下，不是人的主观能动性不能改变客观条件，客观条件很大程度上是被人主观改造过的，人类社会发展的过程就是人类主观意志对客观世界改造的过程。但是创业者资源有限，绝对不能做沙漠变绿洲的事情。而在绿洲里面开个水渠、引个水这样的改变客观条件的事情，在创业的过程中是必须和不可避免的。创业的客观条件也不可能全部具备，大的条件具备了，总是有一些小的条件缺失，需要我们自己补上。不可能所有的条件都放在那儿了，就等着你干了。这时候，人的能动性就很重要了。

我认为，“人和”里面最重要的是创始人、合伙人、投资人三个要素（见图 5−1）。之所以没有将团队这个要素放在这里，而放入了投资人这个要素，是因为创业核心团队和投资人的治理结构对企业未来发展有着至关重要的影响。

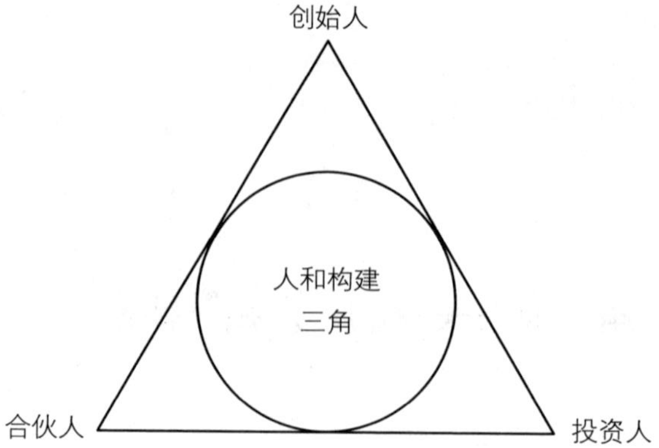

图 5-1　人和构建三角

第一节　创始人能力三角：你是否是一个合格的创始人

创始人是人和构建三角里最重要的因素。项目因你而生，人们因你而聚，项目也将因你而失败（需要强调的是，成功不一定是因为创始人，但是失败一定是因为创始人）。你就是缘起缘灭的因。你要将这份缘带到哪里？是否有能力兑现你做出的承诺？很多创业者觉得做老大很爽，很喜欢做老大的感觉，但其实并没有能力做好老大。比如，过去的我。最终，根本没有办法带领大家实现最初的那个梦想。

那么，如何做一个合格的创始人呢？我认为一个合格的创始人，必备（注意是必备，即必须自己具备，不能依靠别人）的三个能力分别是战略定位能力、商业系统设计能力、资源整合能力（见图 5-2）。

一、战略定位能力

一个企业的使命、愿景明确以后，在攻城略地打市场前，最重要的是完成三个战略级别的定位：战略定位、商业模式定位、营销定位。

战略定位是明确你的用户是谁，为他们解决什么问题，提供什么产品

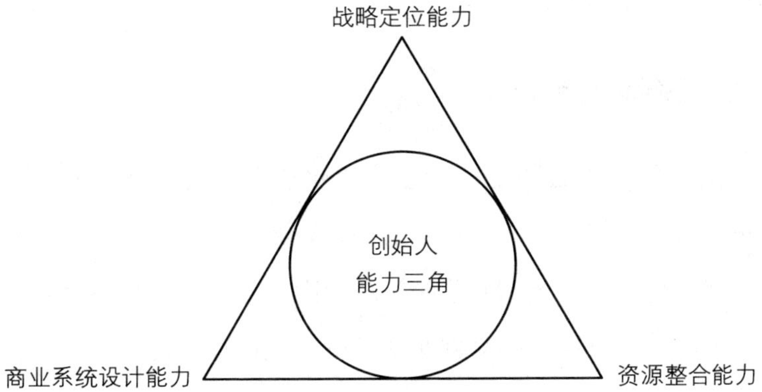

图 5-2 创始人能力三角

或服务来解决这个问题，这个市场的竞争程度如何，是不是一个新兴的空白市场，如何避免与后来者的竞争；商业模式定位考虑的核心是用什么方式来满足用户的需求；营销定位核心解决的是产品价值和用户需求的匹配问题。

战略定位是去往的目标方向，商业模式定位和营销定位是实现战略目标的具体路径。有了这个最高纲领，你的团队就有了具体的作战目标和实现的路径，至于过程中逢山开路、遇水架桥的具体战术事宜，就可以交给你的团队去完成了。

那么，创业者如何构建自己的战略定位能力呢？我在这里不展开，原因是本书中很多章节的内容其实都回答了这个问题。大家可以带着这个思考在书中寻找答案。核心无非就是两点：一是明确战略方向，找准空白市场；二是把握战略节点，认清竞争发展的阶段，并为不同的发展阶段提供资源支持和组织保障。

另外，一个优秀的创业者对战略的选择很多时候是基于一种商业直觉，他能敏锐地意识和捕捉到这种直觉。如果你没有培养出这种商业直觉，只是想靠工具层面的方法论来找到一个好的战略定位，那么我认为这反而是一件大概率不靠谱的事。当然，如果你的商业直觉并不敏锐，其实也没关系，多看、多练，这种直觉会越来越好。

二、商业系统设计能力

一个合格的创始人必须是一个熟悉商业系统的人。一个对商业组织的整体运转逻辑和底层逻辑没有清晰认知的创始人，是无法有效驾驭商业这辆战车的。这也是我写这本《高效商业系统》的原因，即让创业者对商业系统有一个系统的、清晰的、正确的认知，并在此基础上，设计、打造属于自己的高效商业系统。

作为创始人，你要去往一个商业战场。为此，你要有能力打造自己的商业战车，让它带你在这片战场上驰骋。你是这辆战车的总设计师，你要清楚地知道这个战车由哪些部件组成，哪些部件是核心部件，哪些部件可以找人帮你打造，哪些部件必须亲自打造。战车有了问题，你要清楚地知道是哪儿出了问题，如何尽快解决这个问题。随着商业战争规模的不断升级，你也要有能力不断升级改造你的战车。随着战争的结束、战场的转移，你还要有能力调整整个战车的形态和结构，保证其适应新的战场环境。这才是一个创始人应该具备的核心技能。

很多创始人喜欢自己驾车，如果有能力当然可以亲自驾车，但是如果没有驾车的能力，就得找个帮你驾车的 CEO，毕竟 CEO 做的是执行落地这种具体层面的工作，这是对微观技能、方法论要求比较高的活儿。俗话说“没有金刚钻儿，别揽瓷器活儿”，创始人一定要有自知之明。

最后，在整个商业系统的设计过程中，一个创始人必须亲自或主导完成战略定位、机制设计、商业模式设计这三项工作。这是必修课，一个是解决方向问题，一个是解决内部动力问题，一个是解决价值创造问题。如果不具备做好这三项工作的核心能力，建议不要轻易创业，否则大概率是“主将无能，累死三军”，终以失败收场。

三、资源整合能力

作为创始人，你起了一个念头，想要去实现它，起初只有你一个人，然后你逐步将人、财、物这些资源聚合在一起，带动大家一起实现你的这个想法。

一个创始人需要具备资源整合能力，而最核心的资源整合能力，我认为只有一个，就是能找到对的人。找到对的人，他可以帮你融资；找到对的人，他可以帮你找到最重要的商业合作伙伴；找到对的人，他可以帮你内建组织、外拓市场；找到对的人，你们才可能实现“1+1>2”的叠加效应。

首先说说什么是“对的人”。对的人就是与你适合的人，与项目和项目发展阶段匹配的人。在找优秀的人才时，不一定非要找顶级的人才。创业前期，也许身边有潜力的小伙伴是最适合你的，也与项目的发展阶段相匹配。但是后期如果这些曾经的小伙伴不成长，也就只能替换为更合适的人、更匹配的人。刘备起兵就是因为找到了具有潜力的关羽和张飞，但也正是后期他们没有进一步成长，一定程度上坏了刘备的大事。

当然前期也不要排斥顶级人才加入，觉得庙小容不了真神，觉得像世界500强的人加入我们这种小的创业团队，一定水土不服，帮不到公司，反而束缚公司的发展。还是要具体问题具体分析，不要太绝对化，关键是看他的适应能力和心态。有的人对环境的适应能力非常强，环境变化了，他能很快适应新环境，抛弃过去的经验，寻找新的生存法则。心态上，关键看他是为什么加入的，是否是为了优厚的待遇和条件。放弃不了过去物质基础的人，是不可能真心和你一起创业的。而且有这种想法的人，大概率也算不上是优秀的人。只有被你的使命和愿景感召的人，认可并深信不疑你说的未来的人，才有可能真正和你一起创业。对于这样的人，即便你拿高薪什么的也诱惑不了他们，因为他们是拿未来和你赌，并不在乎眼下的收益。

那么，如何找到对的人呢？向外求索，不如向内探寻。有句话说：“有了梧桐树，引来金凤凰。”首先你和你的项目是那棵梧桐树吗？你优秀吗？你的项目有潜力吗？在商业的世界里，你是不是有站在未来看现在的能力？你的这个想法是梧桐树的种子，还是灌木丛的种子？有了梧桐树的种子，你要自己先种下这颗种子，让它发芽，长出树苗，这样你才能让别人看到希望和未来。说实在的，如果不是自己身边的熟人、信任你的人，仅仅依靠一个想法让陌生人加入是不现实的。

另外，一个创始人既然在资源整合上最重要的事情是找人，就要将绝大多数时间、精力花在找人上。找人这个基础没打好，后面“打仗”就不行。宁可在找人上多花点时间，也不能凑合上“战场”，以致全部“光荣”牺牲。雷军准备做小米手机的时候，花了半年的时间找到了他的 7 人核心团队。在这半年里，雷军每天 80% 的时间都是在找人。曾经为了请到一个优秀的硬件工程师，雷军和他一直交流了 12 小时，终于打动了对方。有了前期在找人上的付出，才有了后期小米“打仗”时背靠背的信任，他们每个人各负责一块业务，在沟通成本极低的情况下，每个人都出色地完成了自己的业务，保证小米总体上打赢智能手机市场争夺战。可想而知，如果不是这样一群人被雷军凑到一起，怎么可能打赢这样规模的“战役”。

最后，能不能找到优秀的人和你一起创业，其实是一个创始人领导力的问题，转化到追随者的方面看，就是你有没有足够的魅力让他们追随你，你能不能深深地吸引他们。一方面是企业文化（使命、愿景、价值观）层面能不能打动人，就是你要解决的问题人家是不是也觉得有意义，认为值得投入；你描绘的蓝图和人家有什么关系，人家是不是感兴趣，实现的路径方法是不是有可行性；你秉承的价值观是不是和人家吻合，值不值得人家把未来交给你，这个选择的难度绝对不亚于找对象。另一方面是你作为创始人，身上是不是有足够多的吸引他的地方，如你是否具有优秀的品格、你是否具有坚定的意志、你是否具有独特的魅力。对项目的判断，最终还是要转化到对人的判断上，如果对你不信任，人家是很难选择和你一起创业的。本质上这还是一个信任的问题，而且是要相信你大概率能赌赢。要知道，人家可是要和你一起去冒险的，这种冒险堪比探险南极、攀登珠峰，如果你和你的项目不够优秀，怎么可能让优秀的人和你共同参与这种量级的冒险活动。

第二节　合伙人选择三角：打造可靠可信的创业核心团队

找合伙人，这是组建创业团队最重要的事情。找不到合适的合伙人，轻则拖慢项目进度，重则直接拖死项目。如果遇到这种事情，你也别怪人家，因为是你把人家拉进来，放在这个位置上的，只能说明我们自己知人、识人、用人的本事不到家，错的根源一定在我们自己。

那么，什么样的合伙人是我们要找的真正的合伙人呢？有没有一张千里马的画像，让我们按图索骥呢？

我总结了三个核心要素，它们组成合伙人选择三角，即文化统一、个人成长、能力互补（见图 5-3）。这些都是合伙人应具备的最底层的要素，这些要素具备了，合作大概率是不会出问题的。至于合作过程中出现的其他问题，都是这些底层要素生发出来的枝叶，根正自然苗红，错也不会错到哪里去。

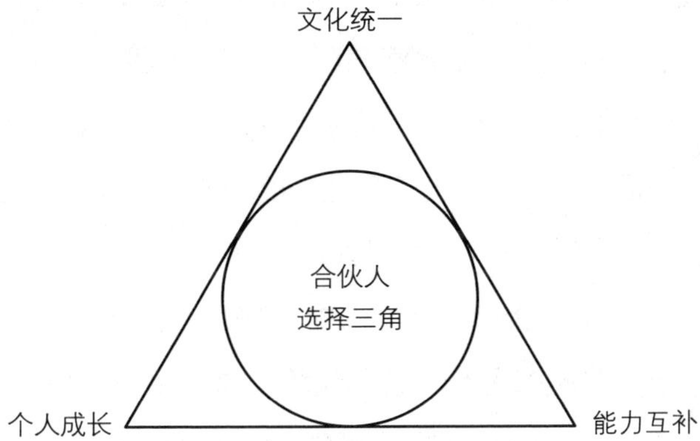

图 5-3　合伙人选择三角

一、文化统一

一个企业对一个人的文化观念的要求，就是要求其认可企业的使命、愿景、价值观。企业的使命、愿景和价值观是支持企业未来发展的根基。即便你的企业还没有创立，作为创业者的你，也要大致知道自己要做什么，为什么做，要做成什么样子，要去往哪里，靠什么样的理念、观念支持自己去往那里。

使命是你感召自己和他人的原动力，是你们愿意一起做这件事的那个理由；愿景是你们将要共同实现的目标，即未来你们想让自己变成什么样，想让世界因为你们的努力而变成什么样；价值观是你们在做事的过程中共同遵循的指导思想、行为准则。

试问，一个不是被你的使命感召的人，一个没有信仰、只知道利益的人，他能和你长久共事吗？遇到困难和挫折，他能和你攻坚克难，义无反顾地坚持到底吗？试问，一个目标和你不一样的合伙人，你要往东，他要往西，你要去往远方，但他更贪恋近处驿站的舒适，你们能形成合力吗？试问，一个价值观和你不一样的合伙人，当你们因为一些重要决策而发生分歧时，到底是要听谁的？

我之前做过一个电商团购项目，一次团购结束后，发现团购的产品出了问题，供货商发来的最终要交付给客户的产品和之前验证的样品差别很大，明显就是假货。而且和供货商沟通后，发现因为合伙人在操作过程中对合同的疏忽，导致没有办法退换货。要知道这项业务的采购金额有十几万元，这对于我们这种小的创业公司来说是一笔非常大的资金了。

我的合伙人主张把这批货发给参团的客户，反正他们多数都不会发现。但是我坚决不同意，我的意见是和客户说清楚这个事情，一是可以全额退款，二是坚持购买的，我们采购到新货后再给大家发货，会延迟几天，恳请大家理解。

由于新货的采购成本比过去谈的价格要高出不少，这就意味着我们要从过去的盈利变为现在的每单都是净亏损。再加上采购假货造成的损失，我这一个决定就面临着近 20 万元的损失。为此，我与合伙人一个晚上吵得不可开交。

本质上，这就是价值观的冲突，我守护诚信的底线和商业的信誉。我认为如果你对客户失去了信誉，未来你将失去更多，你不会再从他们身上挣到一分钱，而现在我们失去的毕竟是有限的。但是我的合伙人认为这些东西不重要、太虚无，只有钱才是实实在在的。由于价值观念的冲突，我最后作为创始人选择了主动退出，把项目让给对方来做。

道不同，不相为谋。如果你和合伙人的文化观念不统一，注定你们是走不远的。

二、个人成长

关注个人成长，不是说你要了解合伙人成长的过程，而是说你要知道你的合伙人目前的成长状态是什么。一个人的成长状态决定了他的行为模式，也决定了你们的合作状态。一个没有完成成长的人，你是永远没有办法和他真正合作的，即便合作，在这个过程中也一定会面临各种障碍和大坑。而且只有完成成长的人，才有可能与你实现文化统一。

人分为两类：固化型的人和成长型的人。固化型的人思想观念僵化，遇事固执己见，最明显的特点是，什么都是自己的对，别人的错，而且对此深信不疑，从来不会反思是不是自己错了。这类人即便表面上很尊重人，表现得很谦虚，思想上也一定是唯我独尊的。固执、偏执是他们最大的特点，在他们的世界里，往往非黑即白、非此即彼，很难容纳不同的观点。

过去的我就是这样一种状态，脑子里面有了一个想法以后，会“谦虚”地听取别人的意见，以为是把大家的意见都整合起来吸收了，但实际上是，认可我的想法的意见，补充完善我的想法的意见，我吸收了，反对我的想法的意见，我内心极力排斥，自动过滤。以至于在做决策的时候，当我的合伙人提出反对意见，我们僵持几天也没办法达成共识。我就不断地劝说，希望他能同意我的想法。最后，合作伙伴实在是抵挡不住我的软磨硬泡，勉强答应了。

还是举个我自己的例子。我和我的一个合作伙伴是一路走过来的，一起做过很多项目。后来，我们一起做餐饮连锁，当小有成就时，我就开始膨胀了，想要做旗舰店、标杆店，要为加盟拓展做准备。我的合伙人极力反对，他主张通过做小店、精品店来打造标杆店，而且以后的发展模式也是小店模式。但是我怎么也听不进去，因为这完全和我设想的打造“商业帝国”的目标不一样，路径步骤也不一样。最终，僵持一段时间后，他无奈地和我说：“行，就算死，我也和你一起死吧。”我当时不以为意，只是为终于说服了我最关键的合伙人，可以大展拳脚而兴奋。结果不幸被他言中，我这个自以为是的决定拖垮了整个项目。

现在回想起来才发现那时候的自己是多么不成熟，完全是一种固化型人格状态。身边有那么好的合作伙伴，结果被我带到沟里去了，而且他明知道要翻车，为了我们的情谊，也坚持不跳车，想来十分难得。但反观我自己，和三国时期的袁绍有什么区别？自以为是，结果害了田丰、沮授这样一众有谋略、誓死谏阻的谋士。袁绍虽然坐拥良田、雄兵、强将、奇才，但由于他一人的刚愎自用，最终兵败官渡，落得一个悲惨下场。

所以，我一再说，成功不一定是因为创始人，但是失败一定是因为创始人。我想你看《三国演义》时一定觉得袁绍很愚蠢吧，内心很鄙视这样的人吧，可是你可曾想过，我们可能都是如袁绍一样的人，只是我们不自知而已。

那么，是什么让我们成为固化型的人？又是什么阻碍了我们成为成长型的人？

答案很简单，是“基因”和“模因”这两大枷锁束缚了我们的成长。

“基因”是我们与生俱来的保护我们的一种行为模式，就好像程序代码一样刻写在我们的大脑里，它有点像条件反射。比如，别人骂你，你马上会愤怒。别人打你，你会想还手。打不过，你就想求饶。别人否定你，你马上会不高兴。别人奉承你，你会很高兴。而别人给你提意见，你会变了脸色，即便是修炼到一定程度的人，面对别人提的意见，第一反应也不会是欣然接受。总的来说，“基因”存在的主要作用就是保护我们。这源于我们的祖先求生存的需要，他们所有的行为都是围绕着生存来设定的。

很多时候，我们的所作所为都是不由自主的，都是由我们的“基因”快速决定的，快得我们自己都意识不到。所以，我们才会经常后悔自己为什么要这样做。后悔的时候是你的理性脑在工作，而之前快速做反应行为时是你的情绪脑、爬行脑在工作。

说得直白点，“基因”就是动物的本能反应。而所谓修炼、修行，很大程度上就是意识到自己的本能反应，并控制自己的本能反应。如果一个人总是用动物的本能反应和人相处，那他一定是处处碰壁的，也是极其自私的。

而我们要寻找的合伙人应具备的最基本的素质就是，他能够突破“基因”层面的束缚，可以觉察“基因”的快速决策，可以控制“基因”的本能反应。如果一个人不自觉、不自知，任由“基因”主导自己的行为，这样的人是不能成为我们的合伙人的。只有进化了的人，即能够控制动物本性，深信现代社会的生存规则，如诚信、合作、互助、包容等，并将这些规则深深根植于头脑，使其成为自己新的“基因”的人，才能成为我们的合伙人，否则面对危险和利益的时候，就只会选择逃跑和背叛。

“模因”层面的束缚是指社会文化观念对我们的束缚。比如，各种宗教、各种社会道德或理念、各种知识等都会在一定程度上束缚我们，我们都不要迷信（什么是迷信，就是你对一个东西总是抱着深信不疑的态度）。面对社会输送给我们的各种文化“模因”，我们要具有批判的能力，不能人云亦云，全盘接受。

在创业过程中，如果我们的合作伙伴没有批判性思维，面对商业问题总是机械化判断，将“雷军是这样说的，也是这样做的，最后他成功了……”等作为口头禅，那么这就是一种典型的迷信，迷信大佬，迷信成功，而这也是人类普遍具有的弱点。所以，很多商家都会利用这一点，比如请明星代言，请大佬推荐，与名人合影等。

我们面对迷信，要做到以下两点：一是找到不同事物的不同边界，边界和条件变化了，结论就要随之变化，不可生搬硬套；二是不可固执地坚持自己的观点，要能够察觉自己固有的、深信的观点是不是错误的，不断地更新升级自己的观念。只有这样才有可能摆脱“模因”对我们的束缚。

关于第一点，我们举个例子来说明。好未来（前身为学而思）的创始人张邦鑫对营销和产品这两件事情曾经明确表态：产品是最关键的，企业主要靠好产品带来好口碑，不是口碑带来的学生一个也不要。在前期，他是这么做的。但是后来好未来却开始投放广告，而且投放规模惊人。难道张邦鑫这个人反复无常，不可信吗？不是，是条件变了。在创业前期，市场竞争还不大，自己规模也小，资源有限，所以必须集中资源做好产品，通过口碑自然可以实现市场增长。但是随着市场竞争越来越激烈，如果指望口碑带新，则这个能量明显不足。如果不大量投放广告占据市场，就有被竞争对手干掉的风险。狼来了，张邦鑫只能准备枪炮上战场。而你千万别记住他曾经说过产品最重要，只有好产品，才有好口碑，自己不要花钱买来的用户。在打大仗的时候，如果你看不到一个经营理念的适用条件，一味迷信，只会让自己陷于被动。

关于第二点，核心是要有批判性思维。不要总是觉得书上说的、电视台说的、某某大神说的就一定对，要敢于对所有的事物抱有批判精神，找到那些你深信不疑的信念和观点，看看它们到底可靠不可靠。不可靠的，就要找出来，打破它，替换它。比如，很多企业家都喜欢执行力的课程，希望员工通过上执行力的课程变得积极主动，他们认为员工没有执行力是因为员工没有正确的认知观念，要给他们植入正确的观念，这样他们就会变得有执行力。而实际情况是，员工在培训的时候常常痛哭流涕，感动不已，感觉自己过去做错了，不应该，下决心以后要使命必达。但是没过多久，员工又恢复成了老样子。真的是员工不行吗？错！我认为，和员工讲执行力就是一个伪命题。为什么？因为执行力是果，领导力才是因，你不在问题的根子上找原因，总是在问题的表面找原因，请问能解决问题吗？为什么海底捞的店长在海底捞干得非常出色，有人高薪挖走后，却发现这个人并不像自己想象的那样优秀，问题一大堆。其实问题不是这个人优秀不优秀，而是你的土壤（组织环境）优秀不优秀，如果你总是不用心培育自己的土壤，想着找捷径摘人家的果子，那最后只能是“橘生淮南则为橘，生于淮北则为枳”。

类似于这样的错误管理观念，我们还有多少？我认为有很多很多。比如，有的企业热衷于打造所谓的客户忠诚度，客户哪有什么忠诚度可言啊？人都是趋利避害的，今天有更好的、更便宜的，我就选择它了，客户只会对自己负责。如果有客户忠诚度，像诺基亚这样的企业理论上都不应该死亡。如果我们总是用错误的观念指导我们的行动，试问，最终结的是什么果？

另外，对于和自己不同甚至是相反的观点，我们要警惕、要辨析，不能简单忽略。真正的高手是可以在大脑里装下两种截然不同的观念的，不要什么都绝对化。

比如，近年来自组织形式的企业组织结构受到热捧，有人将科层制与自组织形式进行了对比，指出科层制组织结构的弊端，大肆批评。但是我们要知道，这两种组织结构形式是有它们不同的适用边界的，对于外部环境变化比较剧烈的企业，自组织形式更灵活、更适用，但是对于外部环境变化比较小的企业，科层制组织结构就比较合适。

又如，企业中领导的绝对权威能够保证信息的有效传递，但是去权威化也能够保证信息的有效传递，而且传递的信息更真实，不易被扭曲。那么你说是树立权威好还是去权威化好？其实各有各的道，各有各的术，各有各的适用边界。

总之，不能固守自己已有的观点，简单地认为别人都是错的。一个团队需要包容的氛围，而这一氛围的营造很大程度上要求团队的领导和关键人员是成长型的人。那些没有完成成长的人，是没有办法包容别人的观点的，更是容不下多样性的，在他的身边，不是和他一样的人，就是一群顺应他的人，还谈什么包容。

最后，要想合伙人是成长型的人，首先你自己作为创始人，必须是一个成长型的人。如果不是，你也发现不了人家是不是成长型的人。而且，成长型的人一见到你，简单通过几件事情，甚至几句话，就能判断出你是不是成长型的人，如果不是，他是不会选择你的。

还是回到那句话，要想找到优秀的人，你自己先要变得优秀。有了梧桐树，引来金凤凰，你自己要成为梧桐树。

三、能力互补

找合作伙伴时要考虑能力互补。一是专业技能互补；二是性格特点互补；三是思维方式互补。

专业技能互补这个不用多说，一个公司有方方面面的专业需求，如管理、技术、产品、营销、销售，所以合作伙伴的专业技能要多样化。就怕“人以群分”，搞技术的找来一堆搞技术的合伙人，而没有一个人懂企业管理运营、市场营销、销售，都扎堆到技术上，那么就算技术搞得再好，公司大概率也经营不好。

从专业技术的角度来说，我们一定是希望找到顶级的专业人才。但是，这只是理想状态，在前期很不现实。像雷军团队那样的完美团队不是每个人都有条件搭建的。刘备三顾茅庐，锲而不舍得诸葛亮，毕竟还是少数。如果没有这样的际遇，还是回到前面所说的，要找和你匹配的人，和项目匹配的人，和项目发展阶段匹配的人。

性格特点也要互补。如果你是个急性子，你最好找个慢性子的进行调和，因为关键时候他能拉得住你，避免你跑得太快翻了车。如果你是个不善社交的人，你最好找一个社交高手。如果你喜欢和技术打交道，你就一定要找个喜欢和人打交道的合作伙伴。人的性格其实是底层价值观的体现，反映的是你在价值观的指导下，你和社会互动的模式，亦即你在社会中的求存模式。当底层价值观发生变化，性格也会相应改变。比如，过去我比较喜欢社交，底层价值观是我认为社交可以帮助我获得成功。后来，我用于社交的时间变得非常少，而用于提升自己认知的时间变多，底层价值观是我认为只有自己强大、有价值，我的社交才会有价值，才有可能获得成功。

还有就是思维方式互补。如果你是男性，你最好找个女性合伙人，女性的思维方式与男性有很大的区别，你看不到的，说不定她可以看到，你过于刚强的一面，她可以用阴柔帮你调和。如果你爱天马行空，喜欢从宏观角度思考问题，你就一定要找一群在微观层面精耕的人，别找和你一样的，每天探讨得非常嗨，但是没有人帮助你落地。

最后，不管是专业技能互补、性格特点互补还是思维方式互补，前提条件一定是你们的人生观、价值观、信仰、追求这些东西是基本一致的，否则你们是极难走到一起的。

另外，有人说，最好不要找自己的朋友一起创业，最后有可能连朋友都没得做。从底层的世界观、人生观、价值观、信仰、追求这个角度说，你的朋友一定是和你最相像的人，也是最了解你的人，你们彼此非常信任，能够相互包容，否则你是不会和他成为朋友的。同时，如果你是一个成长型的人，你的朋友大概率也是成长型的人，因为如果不是这样的人，他早就被你排除出朋友圈了。文化统一、个人成长，如果再加上能力互补，这样的朋友作为你的创业合作伙伴你不要，难道你非要舍近求远？而且，朋友之间有着强大的感情纽带，你们的信任基础是天然的，共事也会比较默契，而这些都是与陌生人不容易在短期内建立起来的。因此，不要迷信朋友不能一起创业，合适的朋友当然可以一起创业，而且是创业合伙的最佳人选。

第三节　投资人选择三角：选择什么样的投资人来支持你

创业找投资人时最重要的选择标准一定不是钱，对于一个好项目，钱一定不是最稀缺的资源，市场上一定是有人愿意投资给它的。很多人教创业者如何写商业计划书，如何找到好的投资人，如何顺利实现融资……这些东西有用吗？有用。这些东西重要吗？不重要。为什么？因为这只是表面、是枝叶、是结果，我们不能向枝叶要结果，更不能向结果要结果。凡事要抓根本，你被投资的根本就是你的项目，若你的项目足够好，这些都不是问题，果实自然会结出来。如果你融不到钱，无非有两种可能：一是你的境界太高，别人都看不懂你，你没有遇到伯乐；二是你的项目实在是太差，不具有投资价值，与其到处找投资，不如踏踏实实练就自己的内功。当然还有第三种可能，就是你这个人不行，投资者认可项目，但是不认可你这个人，所以他们也是不会投资的。

面对投资人，我们要有自信心，不要总觉得是他们挑我们，我们反过来也要挑他们。更不能有我们求他们的心态，这里面没有谁求谁的问题，这是一个合作共赢的事情，他们也需要我们。而且，真正优秀的创业项目凤毛麟角，但钱却是满大街都有的。

那么，当你面对满大街拿着钱的投资人时，你怎么选择呢？我认为有以下三个重要的指标：一是该投资人是不是具有战略投资的能力；二是该投资人是不是具有长线思维；三是该投资人是不是能够帮助你补足关键的资源（见图 5-4）。

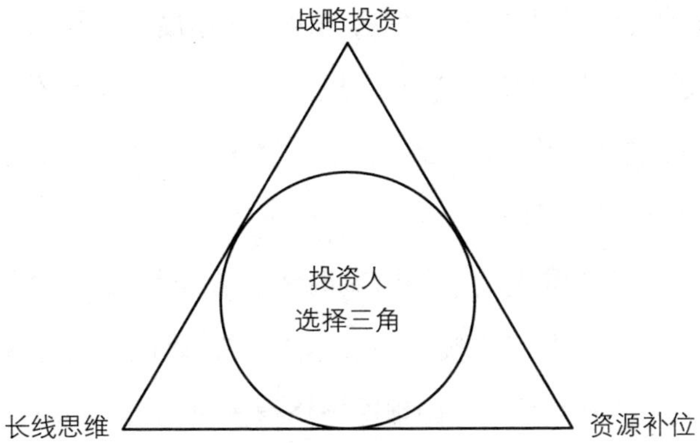

图 5-4　投资人选择三角

一、战略投资

好的投资人一定是从趋势、战略层面进行投资的，他们不是机会主义者，他们能够洞察商业的趋势，能够站在未来看现在，能够预判未来的商业新物种可能是什么样子。他们对行业有深入的了解，能够预测未来行业的走向，并发现行业最有价值的点。他们对商业系统有深刻的理解，不论是从趋势、战略层面，从行业发展层面，还是从企业运营层面，他们都有着深刻的认知。关键时刻，他是我们的军师，是我们的引路人，能够身在局外帮助我们拨云见日。因此，好的投资人一定是我们的最佳外脑。

二、长线思维

企业的成长是需要一个过程的，不可能一蹴而就。因此，选择投资人的一个非常重要的标准就是投资人能够站在企业发展的角度进行长期投资，而不是只想短期套利。

投资人投资企业，投资的一定是企业的未来，只有企业在未来创造出足够大的价值空间，投资人的投资才能算是成功的。但这可能是一个漫长的过程。如果投资人急于求成，尤其是投资人因资金使用周期比较短而急于变现，投资人就会逼着创业者按照他们的想法加快创业速度，从而打乱创业项目的发展节奏。有的投资人根本就是太功利，只盯着挣钱这个结果看，用一些数字指标来要求创业者，这些指标看似合理，其实严重捆绑了创业者的手脚，甚至成为套在创业者脖子上的绞绳索。

例如，曾经主张“慢生活”的雕刻时光，在拿到投资之后，开始变得慢不下来，创业者每天忙于完成投资者要求的开店数量、营业额，还要考虑坪效，结果一个主张“慢生活”的咖啡馆被挤得满满当当。为了迎合投资人的发展要求，雕刻时光彻底丢掉了其最初成功的基因。在竞争激烈的咖啡市场，失去独特价值的雕刻时光也必然凋零。

这里要特别说明一下，不同物种的成长速度是不一样的，总的来说，成长慢的寿命也长，而成长快的生命周期也短。例如，蜜蜂成长、成熟得快，但是它们的生命周期只有一个夏季；人类成长、成熟得慢，却可以走过至少几十年的生命旅程。现在很多互联网创业项目，今天还是明日之星，明天就成了昨日黄花，兴起和凋零的速度都太快。因为外界的环境变化太快，导致原来环境下的物种不能适应，新物种层出不穷。

比如，微信公众号红极一时，人们以为微信公众号是未来圈粉的阵地，结果这边还没热几天，短视频 App 抖音兴起，打破了人们的这一幻想，抖音吸引了大量的流量，微信公众号热度下降。

面对这种快生快长的市场，你想慢慢来也不行。资本就是助力，给你托底，提供资源供你上前线打仗。什么内部管理、组织建设，先放一边，市场上是一群张牙舞爪的敌人，这时候谁能打退敌人，谁就是强者。什么广纳良将、操练兵马，将就吧，人家都大兵压境了，你要么认输，要么拼命。而且你不狠狠地打，即使被收编都没有谈判的筹码。

总的来说，投资人一定要是你的长期支持者，关键时刻能够帮你渡过难关，而不是拆台；一定是你外出打仗的坚强后盾，关键时刻能够给你输送弹药，绝不会掉链子。

三、资源补位

创业者占有的社会资源一般较少，所处关系网的层次一般也不会太高，总是有所欠缺的。在创业过程中，总是有一些关键资源，我们费尽千辛万苦都获取不到。但是投资人帮我们出面，可能就比较容易搞定。比如，我们需要一个专业人才，我们自己就是找不到，但是好的投资人却可以为我们介绍合适的人才。找投资人时，钱只是一方面，在发展的关键资源上能否提供最大限度的支持才是关键。

最后要谨记，创业融资不要饥不择食，千万别什么人的钱都要，要就要高质量的钱，高质量的钱的背后是高质量的投资人，不论是他的智慧、人脉、钱脉还是资源网络，都是对我们创业最大的支持。

第六章

公司治理三角：构建底层有效的治理决策机制

公司治理简单说就是通过一套制度或机制协调创始人、合伙人、投资人等这些具有股东身份的人在公司内部合作中的利益关系（如果是大一点的公司，还涉及职业经理人这一层面）。

公司治理主要涉及他们之间的权力如何分配（涉及企业经营的决策权问题）、他们之间的利益如何分配（涉及投资者自身利益和积极性的问题），权力和利益的分配一定要遵循匹配和平衡的原则。匹配是说一个股东权力的分配与其利益的分配是一致的，不能失调，比如权力大、利益小，这样一定没干劲，尤其是针对创始人。平衡是说股东之间的权力和利益一定要平衡，权力和利益不能一头独大。比如，创始人一个人享有大部分的权力和利益，这样团队其他人的积极性就被打击没了，也没有投资人愿意投资。

公司治理的核心是要解决股东权力和利益的分配问题，这一问题的有效解决是企业发展和高效决策的基础。创业者要确保前期建立的治理结构能够促进后期的稳定发展，要注意通过治理结构的安排保护自己的权力和利益，要重点关注治理结构的基础，只有基础牢靠，公司管理运营才能稳定，更要关注治理结构是否能够激发大家的积极性，伤害大家积极性的治理结构必然不能让公司获得成长。

公司治理重点关注三个要素：治理结构、决策机制、治理基础。这三个要素构成公司治理三角，如图 6-1 所示。

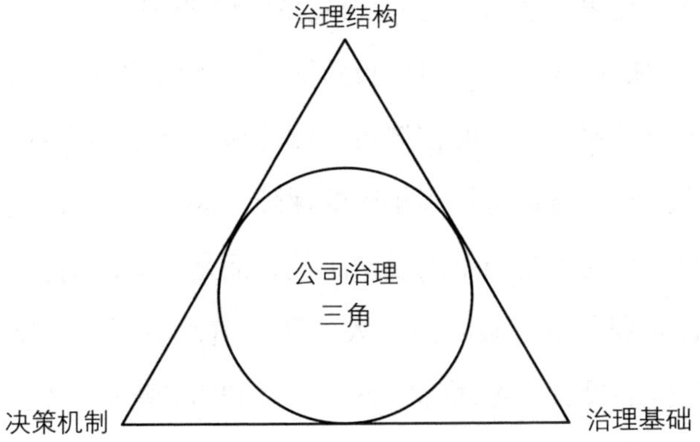

图 6-1　公司治理三角

第一节　治理结构

首先说说创始人和合伙人之间的治理结构。创业者在创业初期最容易犯的治理结构错误就是平分股权，即两个人各自 50%，三个人各自 33.3%……前期感觉兄弟情谊没得说，后期发展壮大了，能力大的、贡献大的，就对这种股份分配比例严重不满。若改变现状，伤害彼此感情不说，严重时会伤害公司合作的基础；而将就着不改变这种分配比例，贡献大的心里又不甘心，长此以往就会消极怠工，影响公司发展。

另外，平均分配股权不利于公司形成核心领导。在一个缺乏核心领导的团队中，大家会觉得彼此是平等的，我凭什么听你的，你为什么不听我的，这就容易造成意见不统一，严重时会影响公司决策和发展。

创业公司的创始人也容易形成一股独大，虽然公司是创始人主导创立的，创始人占有较大的股东份额无可厚非，但是也不能太大。比如有五个合伙人创业，创始人一个人占 80% 的股份，其他四个人各占 5% 的股份，这样的股权结构极其不利于调动合伙人的积极性，长期发展下去，问题和矛盾会越来越突出。

接下来，从创业者和投资人之间的关系谈谈公司治理结构。很多投资人，尤其是一些非专业投资人，认为自己投资比较多，就要占大股。但是他们忽略了一点，那就是公司财富价值的创造者是创业者，如果创业者不能得到应有的激励，投资人的投资利益也得不到相应的保障。聪明的投资人往往是投大钱占小股，因为他们在乎的不是当下的股份比例，而是未来的财富增长价值。现实中，如果创业者遇到要占大股的投资人，请绕道，不要饥不择食什么钱都要。一旦你接受了这样的投资，那面临的就不仅是利益分配的问题，而是公司主导权的问题，日后公司的经营决策你都不得不受制于人。

另外，创业者一定要拿正规投资人的钱，正规投资人不仅能够在资金层面上帮助到我们，在其他很多方面也能为我们创业提供帮助，这一点更有价值。还有一点是他们的投资观念比较成熟，而一些非专业投资人分不清投资和借贷的关系，说好的投资，因为后期的经营亏损，就强行变投资为借贷，更有甚者动用非法手段威胁创业者及其家人。

下面再谈谈创业者和雇员之间的治理结构的创新。在当下的时代，简单的雇佣关系已经越来越不能满足企业的发展需求，也极其不利于激发个人的活力。随着雇佣制向合伙制的发展，开始形成一种新的公司治理结构，这种治理结构的范围从过去的股东扩大到核心员工，甚至向全员扩展。比如，阿里巴巴的事业合伙人制度和华为的全员持股。

事业合伙人制度的核心是权力和利益的让渡，变过去的雇佣关系为合伙关系，以激发合伙人的事业心。从激发人的积极性、主动性的角度看，事业合伙人制度有着巨大的优越性。事业合伙人制度不仅能够用于大公司，也可用于创业公司。

例如，互联网服装品牌韩都衣舍应用阿米巴模式在公司内部成立了很多 3 人创业小组，公司给予每个小组 10 万元的创业基金，创业小组内部的经营决策完全由自己负责，创业收益的 70% 由创业小组自己分配。创业小组这种形式意味着公司让渡了一部分经营决策权和收益权，与创业小组形成了一种合伙关系，创业小组成员感觉是在给自己干，自己和公司不是简单的雇佣关系，从而大大激发了创业小组成员的积极性。阿米巴模式建立了一种企业内部人力资源要素交易结构，从而有效地解决了内部人力资源培养的问题，满足了企业发展对人力资源的需求。

最后，从公司治理的角度来说，创始人必须重视公司控制权的问题，避免辛苦创业半天，最后被踢出局。

传统的保证公司控制权的思路是，要么拥有 67% 的股份，保证绝对控制权，要么拥有 34% 的股份，保证一票否决权。但是实际上，这些股份比例是针对股份制公司而言的。也就是说，如果你后期在国内上市，这些股份比例才有意义；如果后期计划在境外上市或者干脆不计划上市，这些股份比例就不是那么重要。原因是，创业前期公司的形式基本上是有限责任公司，而有限责任公司章程的内容是可以自由确定的。比如，公司的章程可以规定，创始人即便只有 1% 的股份，也对公司重大事项拥有一票否决权。只要章程做出约定，有限责任公司就按照章程约定执行。也就是说，有限责任公司的控制权主要是由章程规定的。这也是为什么任正非只拥有华为 1% 的股份却能控制整个华为公司。

因此，在创业前期，解决公司控制权问题的核心是通过公司章程设置，保证创始人在公司重大经营决策上的控制权。创业团队千万不能图省事、省钱，在找注册代理机构注册公司时直接用他们提供的公司章程模板，最好请专业律师帮忙一起撰写公司章程。

如果考虑到后期会在国内上市，就要特别注意股份比例的问题，或者通过签订一致行动人协议，获得足够多股东的投票权，从而获得对公司的控制权。

如果选择在境外上市，可以通过设置同股不同权来保证创始人团队对公司的绝对控制权。这也是为什么国内很多公司选择在中国香港或境外上市，因为他们允许同股不同权。但国内股市是同股同权，创始人团队的股份如果达不到一定比例，在国内上市就意味着对公司失去控制权。

第二节　决策机制

管理学家西蒙曾经说："管理就是决策。"从中可以看出决策在整个管理中的重要性。高水平的决策可以让公司顺利发展，而低水平的决策可以将公司带入绝境。

公司决策的最高权力机构是董事会。董事会决策往往会遵循一些原则，如责权利相结合的原则、少数服从多数原则。各种决策原则都有一定的道理，不论遵循什么原则，最终的目的是保证决策的正确性。然而，这些原则都有其弊端，不能保证决策一定正确。

比如少数服从多数原则，这个看似合理，但是实际运用中弊病最大。这是因为经营的真理往往掌握在少数人的手里，有能力看穿未来商业的人少之又少，在重大决策面前更是如此。再者，多数人是有他们的利益诉求的，他们可能为了自己的利益而置整体的利益于不顾。

例如，柯达在 1975 年就成功研发了世界上第一部数码相机，但是当时柯达决定雪藏这一技术。很多人说，柯达是为了使已取得巨大利益的胶卷市场不被打击才做出这一决定的。但其实是因为这个已经形成的胶卷市场的背后有一张难以撼动的公司内部、外部无形的价值网络。就拿公司内部来说，之前的技术专家等都是围绕胶卷发展自己的特长的，如果胶卷事业覆灭了，他们的事业也可能会跟着覆灭，这是他们不愿意看到的，因此他们就成了阻止新的数码相机问世的一个非常大的障碍。

为保障决策正确，大公司建立了各自的决策机制。比如，华为建立了集体领导、集体决策机制，阿里巴巴建立了战略决策委员会制度，等等。小公司虽然没有办法像大公司那样建立那么高大上的决策机制，但还是要遵循一些决策的基本原则。

第一，发挥集体智慧，遵循集体决策原则。我们要承认我们每个人的认知是有限的。既然我们不是全知全能的，就不要扮演全知全能的角色。每个人都有自己的专长，别人的知识和认知很多时候可以帮助弥补自己的短板。由于不同的人有不同的经历、不同的知识结构、不同的认知角度，因此应该发挥大家的优势，实行集体决策，从而避免因自己“一维”观察而做出错误的决策。

集体决策通过群策群力尽量保证企业做出正确的决策，其核心是如何保证尽量做出正确的决策，而不是听谁的、谁说了算的问题。正确的决策归根到底是由决策人和决策团队较高的认知水平保证的，而不是简单的机制能保证的。好的决策出自认知水平高的人，不出自多数人，也不出自权威。

所以，创始人和整个创业团队只有不断学习，突破认知边界，提升自我认知水平，才能保证决策正确。

另外，从集体智慧的角度说，很多大咖建议创业团队内部要建立刹车机制，这很有道理。但是这个刹车机制能不能有效果就不好说了，关键问题还是创始人自己的认知处于什么水平。一个成长型的创始人，面对团队给他提出的“刹车”要求，他大概率可以听得进去。但是一个固化型的创始人，面对团队给他提出的“刹车”要求，他不仅听不进去，还可能和团队产生巨大的冲突。所以，突破自我认知局限才是正确决策的有效保障。或者说，机制其实只是保障优秀的团队少犯错误，并不能保障糟糕的团队提升决策水平。

第二，做关键决策时尽量遵循“放一放”原则。如果事关重大，又不需要马上做出决策，那就适当放一放，多思考一下，这样反而更有利于做出正确的决策。这主要是因为人的思维往往会受到某一种框架的约束。这种约束一方面限制了自己的思维想象空间，另一方面又极容易排斥他人的意见。而且人往往不是通过别人的说服（越说服越抵抗）意识到自己的问题，而是自己认识到问题。所以，如果情况允许，可以将一些决策放一放，让关键决策人有时间从不同角度去自行认知和反思，从而更有利于做出正确的决策。

为了防止创始人自己找不到答案，公司内部（或外部）应该有一个给创始人提建议的合适人选（或途径），类似于智囊、军师，可以从不同角度提供一些解决问题的路径和框架。但是这个角色一定不要站到关键决策人的对立面上去，一旦站到对立面，人的防御机制就会启动，到那时即便你的话再有道理，他也可能听不进去，甚至完全处于一种充耳不闻的状态。从这个角度说，刹车机制下的刹车人都是站在关键决策人的对立面的。所以说，刹车机制有时候根本起不到作用，关键要看驾车人的成长和认知水平。

第三，决策不是折中，不是迎合和照顾其他人的感受。这种照顾他人感受的决策很容易在企业中出现。如果一个创业团队在决策过程中也抱有这样的想法，那真是一种非常糟糕的状况。现实中这种情况比比皆是，很多创业者在决策时往往过于顾忌团队成员的感受，从而做出了妥协折中的决策。

管理大师彼得·德鲁克在《卓有成效的管理者》一书中指出，正确的决策态度是研究“正确”的决策是什么，而不是研究能被人接受的决策是什么。这里的关键是正确的决策，如果不能判定什么是正确的决策，那些折中的决策极有可能会使你走向错误的方向。

第四，决策不是一锤定音、一成不变，要尝试建立反馈调节机制。保证企业的决策 100% 正确，这是一种妄想，没有谁能够做得到。除非你是神，掌握所信息，但这绝不可能。在现实经营中，我们绝大多数时候处于信息不对称的状态，但也必须做出决策。尤其是要投注未来的时候，所有的判断都是依据现有的信息做出的，这本身就是一种具有极大不确定性的“赌博”。在这种情况下，在决策机制上苛求完美，企图通过完美的决策机制来保证决策的正确性，绝无可能。最好的方法是，在决策后根据决策项目的发展及时纠偏。

比如华为的红军蓝军战略，即专门在内部设一支蓝军来对红军“挑刺”，“推翻”红军。一方面是为了红军更好的发展，另一方面是为了使决策失误造成的损失最小化。如果蓝军证明红军是错的，那么华为就可以果断放弃原先通过的计划，尽快撤回资源，投入到新的战略上。

什么是管理哲学，什么是高手，我们从任正非身上可以学到的东西太多了。不像我们很多创业者，固执己见，非要一条道走到黑，哪怕明知道要战败，也不撤退，大有同仇敌忾、视死如归的气魄。或者干脆就是心如死灰，彻底放弃自救，默默等待死亡的降临来终结这一切。

回过头来说，创业者该如何建立自己的决策纠偏机制呢？虽然创业者没有那么多资源像华为那样设立红蓝军，但是至少可以在内部安排一个专门唱反调的人，他的职责就是反对公司的现有决策，不断地找问题，就是不能和所有人站在一起。虽然一群人思想行动高度一致时效率很高，但是如果这群人处于一种自嗨状态，将很难发觉自己的问题，也许自己已经走在通往深渊的路上还不自知。而站在局外的人，往往很容易看明白这些问题。一个唱反调的人，一个站在局外的人，是保证我们尽量走在正确道路上的必要存在。

第三节　治理基础

一个公司的治理基础是公司有效治理和发展的保障。公司治理的基础是制度，但深层却是合作者之间的信任，制度归根到底也是为了降低彼此的信任成本。

先说制度保障，公司内部最高的、最具权威性的制度是公司章程，它是公司的“宪法”。重要的合作框架、决策机制、权利义务、利益分配、股东退出等内容，都需要在公司章程中体现。但是正如我们前面提到的那样，这个最重要的“宪法”往往被创业者忽略。注册公司时，往往使用工商管理部门的章程模板进行备案，以为公司章程只是公司到工商管理部门注册的必要条件，而忽视了公司章程在公司运营中真正的作用。一旦出现问题，原来的章程不仅不能成为保护自己的有力武器，还有可能成为伤害自己的利刃。对于这么重要的具有法律效力的公司最高制度，创业者一定要高度重视，必要时请专业律师一起帮忙制定，千万不要为日后的公司治理埋下隐患。

制度只是法律层面的保障，但如果一个公司的内部合伙人离心离德，有法律层面的保障又有什么用？公司治理最根本的还是在于“人和”，就是人与人之间关系和谐，人与人之间建立信任。关于信任问题，我们在前面的章节进行了专门的论述，这里不再赘述。但要特别强调一点，人与人的信任是有基础的，最重要的是长时间的相处。一方面，只有长时间相处，才能真正了解一个人；另一方面，只有长时间相处，彼此才能有深厚的感情。了解一个人是信任一个人的基础，深厚的感情会让这个基础更加牢固。

合伙人之间、同事之间，不要仅仅局限于建立事业上、工作上的合作关系，要打破边界，尤其是合伙人之间，要走进对方的生活，强化感情基础，形成一种感情纽带，而不是简单的经济合作纽带。以利相交是最脆弱的合作关系，利尽而人散，甚至是利伤而人散。深厚的感情要比利益交换可靠得多，会大大增强信任的基础。

但是最高的境界，我认为还是志同道合，也就是前面合伙人章节里提到的“文化统一”。只有志同道合的人在一起，才能合力集中于一个方向，不至于离心离德，我想这才是信任最大的、最根本的基础。方向和目标不一样的人在一起，无异于同床异梦、各怀鬼胎，又谈何信任。

公司治理的基础有软硬两个方面，硬的制度要重视，软的感情、志向等更要重视。

第五篇

创业内部驱动力

第七章

公司管理三角：企业管理三件事

有人说管理的三件事是搭班子、定战略、带团队，也有人说管理的三件事是定战略、搭班子、带团队。区别在于三个要素中有两个顺序不同。有人认为，这其实与企业规模和所处阶段有关，具体来说：当企业处于发展前期时，资源少，企业有多少资源、多少人，就干多大事；当企业处于发展后期时，资源多，人也不缺，就可以先定战略，后配资源。

我不知道其他人是怎么看这个问题的，但是我认为，定战略、建组织、带团队三件事里面，定战略一定是处于优先级的。一方面，战略本身在企业经营管理中极具重要性，既指明方向，又贯穿始终。另一方面，创业者资源太少，而当下已经不是草莽创业的时代了，创业者的那点资源根本经不起消耗。所以，面对这种环境，创业者一定要力求在战略方向基本确定的情况下，快速整合资源，包括寻找合适的合伙人，完善自己的班子，确保资源快速匹配战略需求。除非你的团队已经上路了，但是还没有找到方向，才需要在战略层面不断试错。可是这不符合初创项目的特征，初创项目一定有一个明确的，至少是大致明确的创业方向，战略层面的问题基本是有方向的，这样才有可能聚集一群人才和你去创业。

再说建组织，前面章节说过，建组织包括两个层面，一是搭建班子（合伙人），二是搭建组织体系。关于班子，我们在合伙人章节已经重点说过，这里不再多说，下面会将重点放在搭建组织体系上。

最后是带团队，如何带出一支生龙活虎、能打胜仗的队伍，确保“战争”胜利呢？很多创业者总是感觉自己的团队没有生气，离心离德，就是因为没有学会带团队这件事。

因此，我们的公司管理三角最终表述为：定战略、建组织、带团队（见图 7-1）。也就是做好战略决策、组织建设、拉练队伍三件事，从而保证对外“战争”取得胜利。

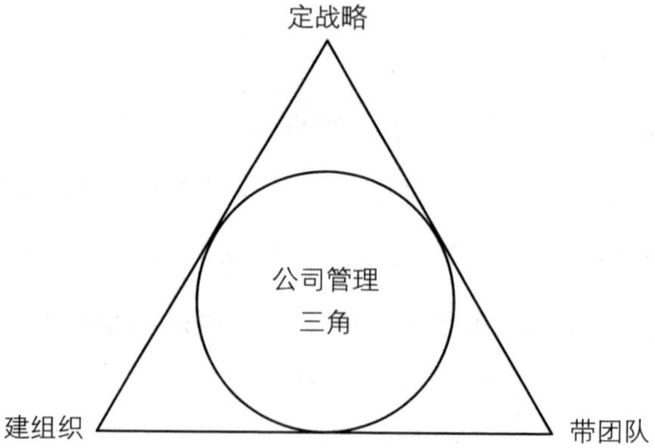

图 7-1　公司管理三角

第一节　定战略——战略三角：到底怎样才是一个好战略

在讨论定战略前，我们先要弄明白战略到底是什么。很多创业者觉得战略这个东西很缥缈、很空洞，与其制定战略，不如实实在在、脚踏实地做些实际的事情。但是战略首先明确的是你选择什么赛道，服务什么客户，解决客户的什么问题，选择什么样的市场，市场竞争程度如何，竞争取胜的可能性有多大，战略是对你创业行动的核心问题和关键目标的明确。其次是明确这一目标要通过什么样的途径实现，即明确战略杠杆。只有明确了自己的战略杠杆，才能保证事半功倍、有效行动。

如果光低头干活，不抬头看路，就不知道自己的方向对不对，选择的路行不行得通，路上阻力大不大，怎么走最省力，如何将有限的资源用到关键“战场”上，以及最终能不能获胜。如果对这些问题都不关心，那与蒙着眼拉磨的驴子有什么区别?

什么是好的战略？打个比方，就好像打一场仗，战场是无人据守的无主之地；去往战场的路上也没有别人和你争抢，而且一路你还能拦路设卡，将别人挡在外面；再者，去往的路上虽然会披荆斩棘，但是不至于有沟壑天堑让你无法跨越；最终到达战场缴获的战利品和路上付出的成本相比具有明显的优势。

最终，我将创业公司的战略要点归结为以下三点：避开竞争、深度聚焦、战略杠杆（见图 7–2）。避开竞争是保证有一片空白市场；深度聚焦是保证投入的资源发挥最大价值，能够实现单点突破；战略杠杆是保证能够有效撬动市场增长。

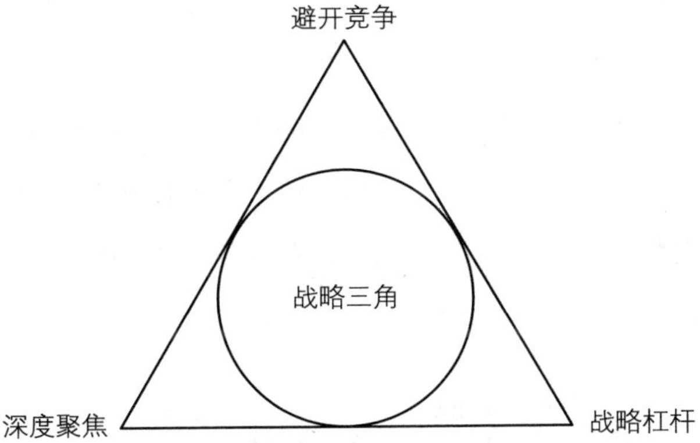

图 7–2　战略三角

一、避开竞争

先说避开竞争，关键是找一个空白市场，至少也是敌人弱小得多的市场。很多人把这叫作寻找商业机会，但如果是机会，那么这个机会一定是“目光短浅”的人都可以看到的，眼下抓住这个机会的人也一定是很多的。一个真正高明的创业者，一定是站在未来看现在，拥有穿越未来的能力，因为看得到未来，所以能够在现在提前布局。创业者只有看得够远，才能找到别人看不到的市场。

但是很多创业者就喜欢盯着当下，看人家干得红火，自己也想去捞点钱。这种事情太多了，似乎他们本能地喜欢竞争，根本不在意什么“避开竞争”，好像不打仗觉得不过瘾，结果都壮烈地死在了竞争的路上。

比如，有人看人家运作一个餐饮项目很成功，很赚钱，就想模仿人家也这么干。虽然有时候模仿也是一种成功的策略，但是你也得看条件，否则就是死路一条。你看看艾·里斯和杰克·特劳特的《定位》一书，定位的核心不就是避开竞争，在人们的心智中占领一个不同的位置吗？例如，非常可乐是干不过可口可乐的，只有与可乐不同的凉茶品类才有这个可能。

寻找新市场，这才是创始人的基本功。前面我们提到过美团找到了本地生活服务类电商这个空白市场，下面我们就详细分析一下美团是如何做到的。首先前提条件是美团的王兴看到了下一个大趋势，即移动互联网的发展，这满足我们说的站在未来看现在的条件。很多人可能都知道王兴提出的“四纵三横”策略，他预判 Web 1.0 时代和 Web 2.0 时代之后是以移动互联网为代表的 Web 3.0 时代，有了这个预判，王兴便在纵向的几个领域中寻找机会，于是找到了美团未来可能的生存空间。这个画格子的方法看似很简单，但是高明之处在于这个格子预见了未来的市场机会和空间（见图 7-3）。

	资讯	交流	娱乐	商务
Web 1.0 Search	门户网站 搜索网站 论坛网站	即时通信 E-mail	网页游戏 MP3 搜索	B2B B2C C2C
Web 2.0 Social	新浪微博	人人网	开心网 社交游戏	美丽说 蘑菇街 （团购网站）
Web 3.0 Mobile	今日头条 公众号平台	微信 陌陌	手游 抖音	拼多多 美团
物联网	？	？	？	？

图 7-3　王兴的“四纵三横”

在这个图中，我们可以看到横向上最后一项是“物联网”，它代表的是以大数据、5G 通信等技术为基础的万物互联的、智能化社会。未来的商业机会和市场空间在哪里？新兴的商业模式和形态是什么？我们可以结合自己所在的行业进行思考并寻找机会。

另外，基于这种分类方式，我们也可以拓展思路，将横向的技术和时代换成产业链前端、中端、后端，我们可以看到以销售为代表的前端和中端是过去创业的主战场，但是以生产为代表的后端却一直没有大的变革和发展。随着商业的进一步发展，未来对后端的适应能力会提出更高的要求，尤其是柔性供应链的建立成为一种必然。这正符合了未来数据创业发展的趋势。通过数据在生产端的深度介入，可以极大幅度地提升生产端的效率，这里面蕴藏着巨大的创业机会。在本书写作接近尾声的时候，我看到阿里巴巴推出了灵犀制造这样的项目，而其正好适应了这样一种发展趋势，为这一领域的创业拉开了序幕。

再回到美团，除了王兴的“四纵三横”，更绝的是王兴的合伙人王慧文提出的“AB 分类法”，该方法为美团寻找新兴的市场空间发挥了重要作用。王慧文将供给和履约分为线上和线下两类，线上有腾讯，线下有阿里（见图 7–4），乍一看市场都被巨头把控，没有什么机会。但是王慧文继续在线下市场竖切一刀，将市场分为实物电商和生活服务电商两类（见图 7–5）。生活服务电商市场上当时最大的供应者是携程，似乎又没有机会了，但是王兴洞察到携程的业务重心是提供异地生活服务，而有一个业务被市场忽略了，那就是本地生活服务。很多年轻人是有本地住宿需求的，而且这个需求还很大，于是王慧文继续横切一刀，将生活服务电商分为异地生活服务电商和本地生活服务电商两类（见图 7–6），就这样美团找到了自己的新战场，巧妙地避开了与巨头的竞争。

上面讲的是宏观层面的竞争分析，具体到微观，我们还可以建立一个坐标轴，将纵轴设置为行业中存在的各种不同类型的竞争者，将横轴设置为商业

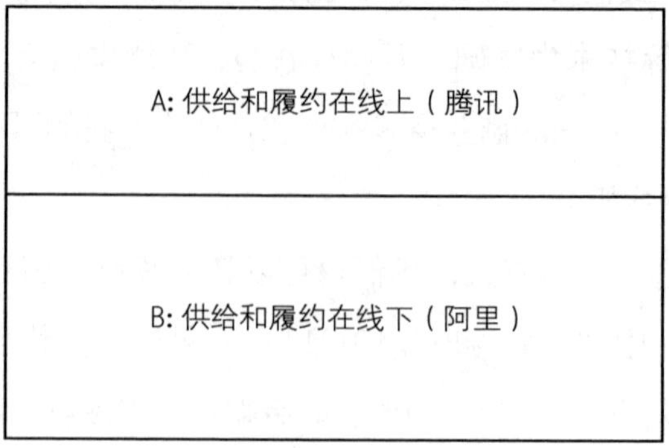

图 7-4　王慧文的“AB 分类法”（一）

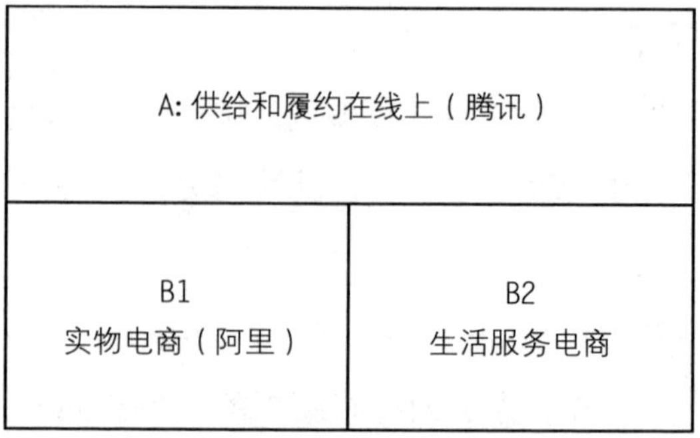

图 7-5　王慧文的“AB 分类法”（二）

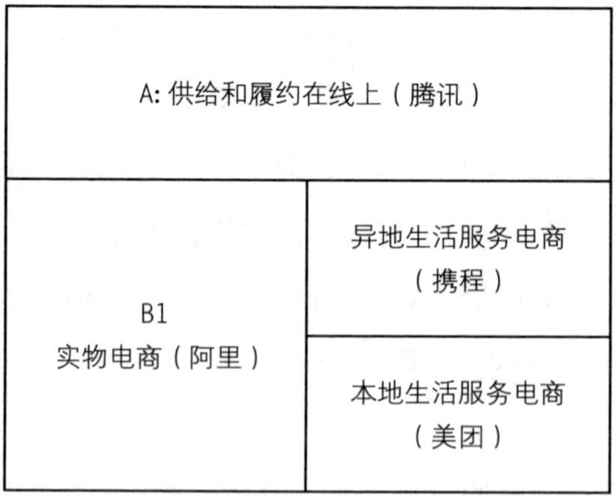

图 7-6　王慧文的“AB 分类法”（三）

项目的核心要素，通过这个坐标轴用折线法寻找市场空间，这就是所谓的战略布局图。

比如，微信公众号“一条”通过优质短视频内容吸引了用户的关注，进而走上了内容电商的变现之路。“一条”选择市场空间的具体做法是：首先将视频项目的核心要素进行拆解；然后看市场上不同的竞争对手是如何组合这些不同的要素并最终给用户提供价值的；在明确了竞争对手的价值曲线后，“一条”在移动互联网的新条件下，通过对项目要素的重新组合寻找自己的价值定位，避开市场竞争（见图 7–7）。

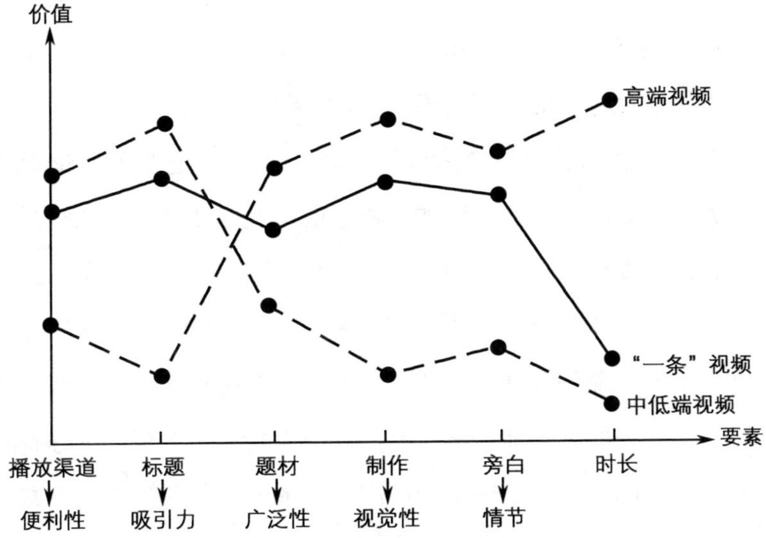

图 7–7 “一条”的战略布局图

又如，汉庭也是通过战略布局图的方法，在酒店这种竞争程度极高的行业找到了商务酒店这一战略定位。

二、深度聚焦

对于创业者而言，选好目标市场后，要想拿下整片市场，就要集中优势兵力先攻打一个点。尤其是创业者在资源有限的情况下，就更需要遵循这一资源分配原则。这就好像是打仗攻城，攻城是一件极其困难的事情，如果采用分散兵力攻打的方式，最后城怎么可能攻破？只有集中有限的兵力猛攻一个点，才有破城的可能。

李小龙面对强大的对手不也是追着对手的痛点不停地打，才将对手打倒的吗？太阳光不也是通过凸透镜将热量聚在一个焦点上，才将物体点燃的吗？创业也是一样。

史玉柱东山再起的时候，选定了脑白金这个项目。当时他好不容易借到50万元，但如果想靠这50万元打下全国的保健品市场，那无异于痴人说梦。史玉柱选择将江阴作为打市场的第一站，通过广告营销等手段，集中资源攻打江阴这个市场，最终打开了江阴市场的大门。成功占领江阴市场有了第一个根据地后，史玉柱才进行后面的广告轰炸、攻城略地。

深度聚焦，力透纸背。这个道理虽然很简单，但是很多创业者就是做不到，不是心太急，就是太贪心。比如，我之前创业做社交电商的时候，虽然前期资源很少，但是发展得还算不错。几个人的小团队，用两三个月的时间发展了本地市场的200多个社群。社群有了一些影响力后，通过社群的扩散效应，陆续有青岛、重庆、郑州等城市的社群加入，甚至还有新疆的社群。我一时得意，没有忍住，就拓展了外地市场。但是几个人的小团队精力十分有限，根本运营不了外地的社群。尤其是新疆的社群，基本处于游离状态，没有任何实际意义。对外地市场的拓展，在一个不合适的阶段并没有给项目发展带来利益，反而耗费了团队有限的精力和资源。

任正非说，不在非战略机会点上消耗战略性资源。创业者更是要谨记，资源十分有限，好钢必须用在刀刃上。切不可好大喜功，心猿意马。创业者在创业过程中，如果总是分散资源去做别的事情，只能说明你的战略目标和路径都不明确。要不然就是你的执行力不行，老是攻不下。在这种情况下，就想找个别的方向去挣点钱，美其名曰：用其他项目挣来的钱滋养创业项目。这种没有定力，遇到问题不解决问题，而是绕着走的人，别说是主要的创业项目做不成，就是辅助的项目也做不成，什么辅业滋养主业，都是自我心理安慰。

三、战略杠杆

理查德·鲁梅尔特在《好战略，坏战略》一书中说，好战略能发挥杠杆作用。一个企业找到自己的战略杠杆模型至关重要。只有有了自己明确的战略杠杆模型，才能实现事半功倍的效果。问题的核心是作为创业者的你是否有能力建立自己的战略杠杆模型，而这一能力是创始人必须自己掌握的一大核心能力。

我们先来看战略杠杆模型，如图 7–8 所示。

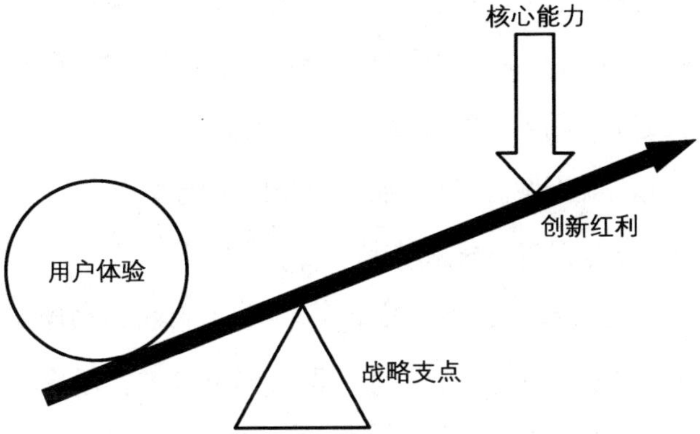

图 7–8　战略杠杆模型

战略杠杆模型借鉴了物理学的杠杆原理，清晰地反映出我们是如何通过关键要素的组合实现市场撬动的。

我们要想撬动一个市场，就要通过杠杆借力。为此，我们首先要找到一个稳固的支点，只有支点牢靠了，后面才有可能借到力。

战略支点是整个战略依托发力的点。只有通过这个支点，战略聚焦的力量才能撬动战略目标市场，才有可能实现一个好战略应有的杠杆效应。

那么，什么是我们企业的战略支点？战略支点就是你的整个项目要依托的核心要素，是不变的初心和使命，是你做整件事情的“定海神针”。如果没有这个稳固的支点，你的所有动作就会变形。

在众多的商业力量中，企业依托的最核心的发展力量就是战略支点，企业只有争取到这个力量的支持，才有可能获得成功。比如，阿里巴巴的使命是让天下没有难做的生意，服务的核心用户是商家，阿里巴巴的战略支点就是商家。阿里巴巴围绕其核心使命，为商家提供各类服务，如1688是为商家搭建的ToB的市场平台，淘宝、天猫是为商家搭建的ToC的市场平台，阿里云、支付宝都是为了方便商家经营而打造的产品。

但同样是电商的亚马逊，它的战略支点却落在了用户上，亚马逊代表用户"压榨"供货商，成为用户喜欢的企业，也成为供货商"痛恶"的企业。

不同于亚马逊将自己的战略支点放在用户上，苹果将自己的战略支点放在了产品上。苹果的CEO库克在接受记者采访时说："我们认为我们的使命是进入那些能够改变人们生活的领域，在其中做出全世界最好的产品。如果我们做不到最好，我们就不做。"好产品是苹果的战略支点，为了做出好的产品，苹果就要在资源上充分保证分配和支持。

总结以上案例可以看出，战略支点就是企业的初心和使命，是支持企业的核心力量。而这正是牢固支持你的事业的那个基点，没有这个点就没有杠杆的借力点。对于一个企业而言，这个点也许是用户，也许是产品，也许是服务，也许是技术，也许是核心人才，等等。不同企业的使命愿景、战略目标不同，支点也有所不同。但是明确了战略支点后，就要在这个支点上投入主要资源进行加固，使这个支点足够牢固，而且企业的其他行为也要为这个支点服务，往这个支点上用力，不能离开这个支点乱做功（所有离开这个支点做功的行为，都是拆台而不是添砖）。只有这样，当你想用杠杆发力的时候，这个支点才能可靠、才能给力。

然而，多数创业者难守初心，支点不稳，走着走着就远离自己的初心和使命。原因主要是各种诱惑不断，创业者难以抵抗。所以，一个创业者要"不忘初心，牢记使命"，始终抱有以始为终的态度，这样才能取得成功。

其次，要找到一根称手的足够长、足够粗的杠杆。战略杠杆是实现战略目标最佳、最省力的路径。杠杆就是使有限的力量成倍数放大的途径，如果不能将有限的力量成倍数放大，就不能算是好杠杆，而且放大的倍数越大越好，这样撬动的市场也就能更大。那么，企业如何找到自己的战略杠杆呢？

对于处在同一个环境的竞争者而言，大家的商业环境要素相同，你要比别人借到更多的力，一定是发现和借用了与别人不同的商业要素，否则你很难实现比别人快得多的增长。

例如，新技术的应用。过去机器纺织摧毁手工纺织，智能手机打败传统手机，都是新技术应用的结果。又如，传播、销售渠道的变化。拼多多能够快速崛起成为电商巨头，就是得益于微信这个传播、销售渠道的出现，而且拼多多牢牢地抓住了渠道的红利期。再如，用户需求的变化。当下新一代消费者崛起，他们和老一代消费者的需求有着明显的不同，尤其是社交和精神层面的价值主张有很大区别，消费观念也和老一代消费者截然不同。对企业来说，洞察新的消费者需求，并满足他们的需求，也可以脱颖而出。

总的来说，你选择的战略杠杆要么能实现效率的提升，要么能打开一个全新的市场。

效率提升：比如，好未来利用互联网线上课程模式，在教学资源投入上的效率相比传统线下课程大幅提升。又如，混沌大学的线上商学院培训课程相比传统线下商学院培训课程，效率大幅提升。他们都是将新技术作为自己的战略杠杆，相比传统的竞争对手效率得到大幅提升，从而脱颖而出。

全新市场：比如，正是因为利用了全新的渠道，再加上淘宝、京东都忙于品质化，忽略了低端市场，使得出现了大片的空白市场，拼多多才能有机会崛起。当然拼多多也赶上了微信流量的红利期，从而实现快速发展。又如，改革开放初期，物质匮乏，人们需求旺盛，说白了就是到处都是空白市场，只要有过得去的产品就能占领市场。

可见，战略杠杆要么能带来一种创新红利，你进行了某种创新，带来了巨大的效益；要么能带来一种市场红利，你抓住了某个空白市场，带来了巨大的空间。总之就是一种商业要素发生了巨大变化，相较于过去的商业要素，效率成倍增长了，你抓住了这个变化的要素就等于抓住了撬动市场的战略杠杆。

再次，企业要想撬动市场，除了具备支点、杠杆之外，还有就是要有自身的核心能力。我们在商业模式的章节里讲过海澜之家的核心能力是广告宣传、店长招募、运营管理，海澜之家正是拥有了这个核心能力，才有了撬动供应商、加盟商的能力，从而借助各种商业力量实现对整个市场的撬动。如果海澜之家没有这个核心能力，就无法带给合作伙伴利益回报，就无法形成能够借力的商业合作模式，而只能花钱去购买交易结构里各种角色提供的服务。但这对于任何一家企业来说都是不现实的，因为企业的资源是有限的。还是那句话，打造自己的核心能力才能真正帮助你解决问题。

又如，当前短视频行业兴起，短视频这种形式具有巨大的红利，很多人都想抓住这个红利，用好这个杠杆。但是你的核心能力是什么，凭借什么抓住这个红利和杠杆，实现自己的人生飞跃呢？在众多的竞争者中，为什么抖音胜出了呢？就是因为抖音的核心能力是很多企业不具备的，如内部组织建设能力、平台机制建设能力、大数据运营能力等。抖音通过自己的核心能力，最终抓住了这个红利和杠杆，撬动了巨大的短视频市场。

这里特别说明一下，企业的成长过程就是一个能量输入和结果输出的过程，有多大的能量输入才有可能输出多大的结果。一般输入的能量包括资金、关系资源等，但是一个创业公司的资金和关系资源都是稀缺的，那要靠什么来实现能量的输入呢？答案就是企业要练就自己的核心能力，企业的核心能力就是企业最大的能量来源，拥有核心能力才有可能撬动、借用别人的能量。

战略杠杆模型的最后一个要素是“用户体验”。用户体验是用户接触产品的过程中的一系列感受。在用户和产品接触的过程中，每一个触点是促进用户喜欢产品，还是阻碍用户喜欢产品，决定了产品能否实现市场增长。

例如，我个人比较喜欢的一个内衣品牌是蕉内，其用户体验就做得非常好。从天猫购物店铺的整体设计风格和展示结构规划，到产品详情页面，再到快递和产品的包装，甚至品牌标签的设计，都给人一种用心精致的感觉，最后穿着体验也非常好。整个体验过程基本没有诟病的点，都是惊喜的点。尤其超乎我想象的一点是，蕉内的快递外包装都是单独设计的，没有为了节约成本而使用快递公司的包装。当然，这个品牌的内衣并不便宜。但是，这种超级好的用户体验让我喜欢上了这个品牌，每次有内衣购买需求时都会想到去蕉内看看，而且基本每次蕉内都满足了我的购买需求。

淘宝、天猫上的某些店铺虽然价格便宜，但是因为整体不注重用户体验，很多用户都是这次在这儿下单买了东西，下次就不来了。因为这些店铺都陷入了低价竞争和不断买流量的恶性循环里，而不是像蕉内一样提升用户体验，打造自己的品牌，从而吸引用户。

增强用户体验的核心就是提升用户在与产品接触的每一个点上的体验，让用户整体上对产品感到满意。关于用户体验这一点，我会在后面的产品章节再详细讲解。

当然，如果你处在一个全新的空白市场，完全没有竞争者提供同类产品，那么用户体验差一点，之后慢慢提升，用户也能接受。但是你要判断别人会不会来抢你的市场，想好你有什么应对策略。

第二节　建组织——组织三角：组织框架搭建的关键是什么

明确了战略以后，我们就要准备“打仗”了。“打仗”就要有队伍，有队伍就要有点将选人、排兵布阵。点将选人就是我们在人和构建三角里讲的选择合伙人，他们组成了我们整个创业团队的核心班子，整个组织体系都是由创始人和这个核心班子来分工领导的；排兵布阵就是建立组织体系，组织体系是“打仗”成功的重要保障。那么，如何建立自己的组织体系？什么样的组织形式适合创业公司？

有一些创业者思想过于僵化，非要套用别人成功的组织模式。比如，看人家阿米巴搞得不错，实现了自组织、自驱动，就想用阿米巴模式，问题是这个模式与你的战略、市场、业务、规模配套吗？不管什么组织模式，都是有适用的边界和条件的，脱离边界和条件胡乱套用都是自找死路。这就好比赤壁之战中曹操采用了庞统的"连环计"，将大船用铁锁连接起来，虽然解决了士兵晕船的问题，但是忽略了外部气候变化的因素，结果被周瑜用火攻而失败。

再者，我们开篇就强调太极思维，内部组织管理和外部市场成长要匹配，处于什么样的市场成长阶段，就要配套什么样的组织体系，不能太超前，也不能滞后。好比打仗时，前期敌人情况尚不明确，我们就要先派小分队进行侦察试探，摸清敌人状况。如果你什么状况都不清楚，就派大军出发，不是浪费资源，就是大概率被对方吃掉。当战争接近战略决战阶段时，如果你还用先头部队在前方顶着，后续大部队就是跟不上来，那么你不失败谁失败啊？

组织是随着业务的发展不断调整的。当然，组织建设要预留一定的空间，尤其是做好人才的储备，不能要上"战场"了，才发现想要的"兵种"还没有培养好。

创业公司在组织建设中有三点一定要把握住：战略匹配、形式匹配、人员匹配（见图 7–9）。

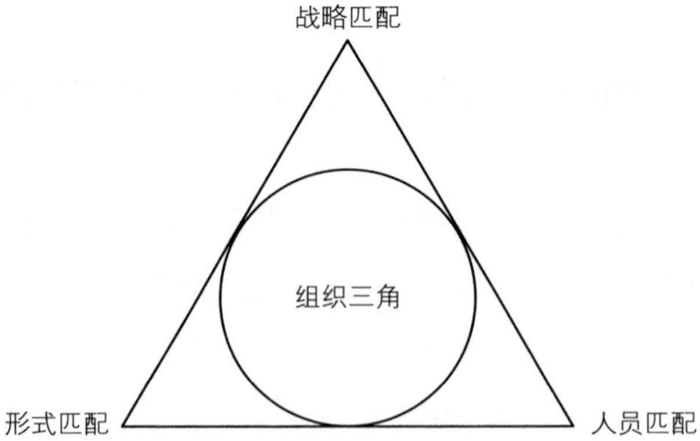

图 7–9 组织三角

一、战略匹配

组织建设一定要跟着战略走，只有组织建设与战略相匹配才能保证打胜仗。好比你要打攻城战，云梯部队、投石车部队等攻城部队就一定是主力，破城是重心，你别搞得云梯部队、投石车部队规模很小，骑兵一大堆，因为骑兵再厉害，攻城时也发挥不了作用。如果你要打山地战，步兵就是标配，千万不要搞一堆重型坦克，因为重型坦克再厉害，在山地战中也施展不开。如果你要打游击战，就要化整为零，讲究机动性。如果你要打正面战，就要突出规模优势，发挥集团军的作用。如果企业的组织形式与战略目标不匹配，战略目标就很难实现。保证组织形式与战略目标相统一，发力点一致，这是组织建设的第一原则。

企业组织建设要与战略匹配，就要做到组织设计围绕企业战略展开。比如，如果产品是战略重心，产品研发相关部门就是企业的核心部门、一线部门，企业资源要绝对倾斜给它，其他部门都要为它服务。最怕组织设计不分轻重、没有核心，看似都重要、都用力，结果是都不重要、都出不了力。

一个创业者在搭建组织框架时，要有前台、中台、后台的概念。前台是企业的战略重心部门，企业当下或者将来发展都靠它，企业的增长空间来自于它，企业资源必须绝对倾斜给它；中台是为前台作战提供最重要、最直接支持的部门，比如前台打仗需要源源不断的作战人员，那人力资源部门、培训部门就是支援前台，确保前台可以打胜仗的中台；后台是一个企业的日常服务保障部门，如行政部门、后勤部门、财务部门等，具体要根据其与前台业务部门的关系确定。

二、形式匹配

创业者好像总是有一种情怀，就是组织形式要完善、要全面、要创新。虽然出发点是好的，但是对组织的理解不够深入，而是过分关注形式。对于创业企业来说，不考虑自身情况，生搬硬套某一种组织形式，后果是可想而知的。

创业者要做到组织形式和自身建设需求相匹配，关键是抓住以下两点：

第一，在创业前期，组织形式不求大而全，要根据“战争”阶段和规模，有针对性地配强当前急需的部门。其他部门可以预先规划，也可以在内部找人兼职负责相关工作，但是不作为重点部门进行建设，要根据“战争”阶段和规模的变化逐步建设。

同时，切忌企业业务发展了，但是组织形式一成不变。就好像“战争”规模扩大了，组织还是过去的小组织，那么想打胜仗也没有可能。这时候就要调整组织形式适应对外“战争”需求。要谨记组织是不断成长的，是动态变化的。如前所述，小米的组织形式就发生了很大的变化。

第二，不要一味追求组织创新，找到适合当下阶段的组织形式才是最重要的。组织建设是为了有效传递信息与分配权力和资源，从而实现组织既定目标。组织形式和企业的规模及资源配置相关。创业者不能不关注组织形式的应用边界，而随意套用某一种组织形式。

以当下很火的阿米巴自组织模式为例，很多创业者看到阿米巴模式对团队的驱动力，想通过阿米巴模式来激发团队的活力，实现团队自运行，达到自己少管或者不管的状态。但是阿米巴模式的基础是信息的高效传递和加工，企业要实时将经营数据反馈给阿米巴（即创业小团队），给阿米巴以决策的参考依据。如果做不到信息的高效反馈，阿米巴就无法做出高质量的决策。在阿米巴模式下，企业是在高度掌握信息的基础上下放决策权力的。很多创业者看不到这一点，虽然决策权力是下放了，但是信息也断层了。信息是权力的基础，权力可以放下去，但是连权力的基础都不掌握了，公司运营能有保证吗？

再说阿米巴模式应用的边界：一是组织有一定的规模和资源，才有实施阿米巴模式的基础。创业企业初期总共 3 个人 2 杆枪，信息传递效率极高，决策权力高度集中，完全没有必要建立这样一种组织。二是行业市场竞争相对分散，独立的阿米巴小团队拥有独立的决策权力，决策效率高、反应快。但是这种组织模式可以调动的资源也是有限的，只能适应小规模“战争”。如果行业市场竞争高度集中，那么企业套用阿米巴模式无异于消解了自身的资源集中优势。

再者，即便是在内部采用阿米巴模式，对外实现整体竞争，也要考虑内部阿米巴之间相互采购业务的内耗问题。如果内部阿米巴不给力，业务采购成本较高或是产品功能较差，将导致对外整体缺乏竞争力。这就要引进外部竞争，只有将内部阿米巴和外部竞争者放在同一个竞争起点上，才能真正优化企业的整体竞争力。

关于企业组织形式的演化，我比较认同张丽俊[①]老师的观点，即未来的企业组织形式将朝着“小前台，大中台”的方向发展。就好像美国海豹突击队的作战形式，最前线的作战部队从过去的大规模陆军部队变为小分队，作战单元变得短小精干，但是内部成员结构健全，相互支持配合程度很高。这种小分队作战的基础是中台为前台赋能，如军队有着强大的信息中台作为保障，前台的小分队一旦发现敌人，随时可以呼叫各种远程火力支援。

之所以说未来的企业组织形式会朝这个方向发展，底层是因为未来数据化、智能化社会的到来是大势所趋，而这为组织信息传递和决策提供了有力的武器。通过数据化，信息变得高效透明；通过智能化，算法决策也变得更加可靠。这样，强大的信息中台可以为前线的“战斗”小组最大化地赋能，极大地提升整个组织的战斗力。

这其实和过去热兵器取代冷兵器是一个道理，这是又一次商业“武器”升级，这种“武器”升级也必然带来组织形式的变化。比如，我们前面提到的便利蜂，通过智能化决策中台为前端的店铺赋能，从而大幅度提升了店铺的运

① 张丽俊，北京创业酵母管理咨询有限公司创始人，混沌大学特聘讲师。

营能力，并且降低了对前端人员的依赖度，实现了整个商业模式的变革。

如果创业的你想在接下来的“战争”中成为胜利者，你就要想办法用最新的“武器”武装自己。如果你在组织形式、商业模式、企业运营上都应用这个新“武器”，你就好像拥有了《三体》中外星人进攻地球用的“二向箔”，则落后的商业势力是无法和你对抗的。

但是，还是要提醒一下，不要迷信任何一种东西。大数据再好，也有其局限性和应用边界。数据不是万能的，或者从一定程度上讲，我们永远都无法通过数据收集实现信息的完整性和及时性。没有完整和及时的信息，如何让智能算法来做决策？这就好像海豹突击队进入一个作战地点后发现一小撮敌人，对方已经发起攻击了，海豹突击队这时候难道不是自我决策，果断还击吗？难道还要反馈信息，等总部决定是否还击？

任正非说，要让能够听到炮火的人做决策。就是说在最前线的人员掌握着一些总部掌握不到的信息，涉及这部分信息的具体业务的决策权要交给掌握信息的一线人员。

例如，一家饭店的服务员是最直接面对顾客的人员，他们掌握着有关顾客用餐体验的直接信息，而这个信息是没有办法完全实时动态地传输给管理层的。如果顾客用餐体验不好，甚至发生口角，是将处理权交给一线服务员呢，还是请示管理层呢？如果你是一家注重顾客用餐体验的公司，你一定会把这个权力交给你的一线员工，充分授权他们可以通过送菜、打折、免单等形式进行及时的处理，而不是层层请示。在这方面，海底捞就是一个榜样。

三、人员匹配

排兵布阵之后，最重要的就是“点将”。俗话说“兵熊熊一个，将熊熊一窝”，两军交战，军队的主帅才是影响战争胜负的关键。汉高祖刘邦说：“夫运筹策帷幄之中，决胜于千里之外，吾不如子房。镇国家，抚百姓，给馈饷，不绝粮道，吾不如萧何。连百万之军，战必胜，攻必取，吾不如韩信。此三者，皆人杰也，吾能用之，此吾所以取天下也。项羽有一范增而不能用，此其所以为我擒也。”

刘邦在关键的位置上用了最合适的人，最终夺得天下。反观项羽，团队中唯一一个智囊范增他还不用，即便自己武力超群，也最终落得个兵败垓下。由此可见点将用人的重要性。

另外，我们这里说的是“点将”，而不是“点帅”，这是有区别的。对于初创期的企业，其高管要像张飞、赵云那样能够提枪上马，带着军队冲出去肉搏打仗，而不能像袁绍那样稳坐中军帐，号令十八路诸侯。创业初期兵少将寡，别说是高管，就是创始人自己也要亲自上阵杀敌。

最忌讳的就是请了一群大公司的高手来管理公司，结果这群家伙把大公司那一套天天开会总结的方式搬到你这儿来，每天坐在办公室里就想指挥下面的人攻城略地。这套方法是攻城略地结束后收麦子的管理方法，而创业公司的问题是城还没有攻下来，迫切需要能带领兄弟们一起把城攻下来的人。

人是经营企业的根本，人才是经营企业的关键。我们前面就讲，一个创业者应该把绝大多数时间花在找人上，找的人就是关键的核心人才。雷军花了半年的时间找到他的核心 7 人团队，点将点对了，从而有了后面的攻城略地，捷报连连。那么，如何找到合适的人才匹配我们的项目呢？

一是文化统一，这个我们在合伙人章节里面讲过。如果你和招进来的人价值观不相同，那么不是你看他不舒服，就是他看你不舒服，双方内心都极度痛苦，分手是必然的，更不要谈做事情了。

二是核心能力匹配，我们要找的人要能够解决当下企业面临的问题。打个比方，你的车坏了，当下需要的是找个汽车修理师傅，而你偏偏找了个汽车工程师，虽然他对汽车结构的认知层次很高，但是修车的事情就是解决不了。在现实创业过程中，拉人头充数的大有人在，找个“裁缝当大厨”的比比皆是，赶鸭子上架不说，最关键的是耽误项目。再者，同样是大厨，对街边小吃店师傅的要求和对五星级酒店厨师的要求是不一样的，小吃店师傅手艺再好也难以胜任五星级酒店大厨的工作。但是现实创业过程中，这类问题也比比皆是。比如，你招个销售，你的行业是 ToB 的，你非招个干 ToC 的销售精英。你以为都是干销售的，应该可以，但是两者的核心技能、方法论和能力资源要求都不一样，结果可想而知。

第三节　带团队——团队三角：如何打造一个强有力的团队

带团队是管理三要素里的一个关键要素。创业者首先要明确团队是带出来的，而不是管出来的。为什么是带出来的？这和教育孩子其实是一个道理。要想一个孩子品行端正、学业优秀，最好的做法一定是身传，而非言教，身传就是进行正确的示范，作为家长一定要身体力行。

比如，家长想让孩子拥有诚信的品格，而自己经常在孩子面前示范不诚信的行为，这样孩子是无法拥有诚信的品格的。又如，家长想让孩子将大部分时间用在学习上，而自己回家就抱着手机没完没了地看，这样孩子也无法将心完全放在学习上，他还会觉得很不公平。

你的创业团队就好像是一个孩子，是需要你用心花大量时间去带的，放手散养一定程度上是一种不负责任。当然，带团队和带孩子还是有一些区别的。比如，谁是你的孩子你是无法选择的，孩子再不好你也无法抛弃不管。但是团队成员是可以选择的，不合格的成员也是可以放弃的。但无论如何，我们先要树立一个理念，即带团队的核心是先立己，只有你和你的核心团队够优秀，且身体力行，才有可能带出优秀的团队。

具备这样的理念后，我们再来看创业者带团队要关注的核心是什么，我认为是把好筛选关、培训拉练、绩效考核三个环节（见图 7-10）。

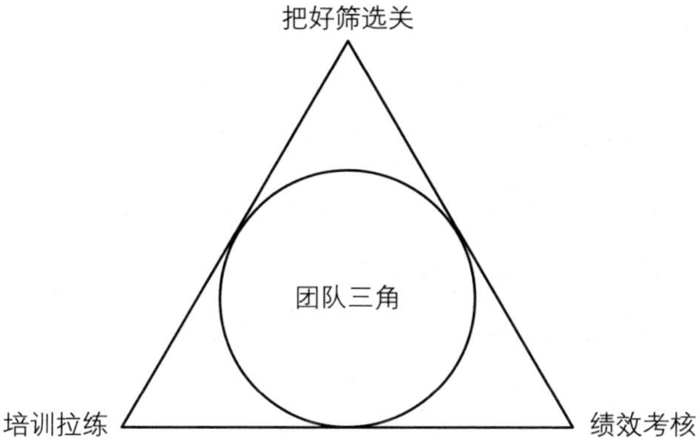

图 7-10　团队三角

一、把好筛选关

有一些中学实行分班制，将优秀的学生集中在一个班级，配上优秀的老师来带这个班，往往这样的班级都会出成绩。学校这样做对孩子们来说很残酷，但是现实社会中，其实大家都在通过各种指标筛选优秀的人。比如，世界 500 强企业往往将学历作为第一道关卡来筛选优秀的人才。虽然学历不能代表一切，但拥有较高学历的人往往是具备较强学习能力的，至少企业培养的时候会省很多力气，这样的人也都容易培养出来。当然学历证书只是第一张“门票”，后面还有一套复杂的面试招聘流程来保证他们招到优秀的、可培养的人才。

那么，创业企业如何筛选人才呢？学 500 强企业肯定是不行的。因为你不是 500 强，“985”“211”人才是不会“委身下嫁”的。即便你想办法把他们“骗”到手，有一天你们“离婚”的风险也会很大。既然如此，我们也别老是眼睛向上看，向上是我们高攀别人，别人即便答应了你，也往往抱着扶贫献爱心的心态。

现实中，有些人没什么学历，别说“985”“211”，可能连一个正儿八经的本科也没好好读过，但是这并不能代表他们没有能力。很多人可能只是在他们心智不成熟的时候，身处在一个氛围较差的环境里，以至于他们没能很好地把握自己的第一个人生机会。当这些人成熟以后，明白了这一切，会格外努力。如果再遇到一个赏识他们，肯给他们机会的伯乐，他们甚至会肝脑涂地，正所谓“士为知己者死”。只有找这样的人，你的团队才有可能是一支可以培养、锻造的队伍。就好像刘邦正是因为起用了名不见经传的韩信，才有了大汉王朝的开创。刘备也是找到了张飞、关羽这样埋没于底层的能人，才有了后来蜀汉基业的开创。正所谓“宰相必起于州部，猛将必发于卒伍”。对于创业者而言，那些在底层摸爬滚打的人往往才是需要重点培养的人。

当我们还弱小时，我们就要努力做伯乐，找到被埋没的“千里马”，给他们一次人生机会。当然，你得是那个能够给人家机会的人，如果你都没有成长到一定高度，你是给不了人家机会的，反而会耽误人家发展。如果是这样，就不是你选择不选择人家，而是人家选择不选择你。所以还是要强调，创始人的成长至关重要。如果你找不到优秀的人，大概率是你自己不够优秀。这是一个残酷的事实，但你必须接受。

回过头说，如果你足够优秀，那么你如何找到埋没于“乡野”的可培养的人才呢？或者说，这类人才有什么特征呢？我认为有以下三点。

一是这些人一定是价值观积极向上的人。面对问题，他们能够用积极的态度对待，尤其是善于向内寻求问题的答案。面对挫折，他们也不会轻言放弃。一个满腹牢骚，抱怨不断，自以为怀才不遇的人，一定不值得你怜惜。

二是这些人具备较强的学习能力和悟性。就好像电视剧《大染坊》里的陈六子，虽然半个字都不认识，但是遇到什么不会的都肯钻研，而且很快就能抓住问题的关键。学习能力和悟性非常重要，否则一方面培养成本会非常大，另一方面即便你付出了很多，大概率也没有回报。

我特别强调一下，那些“笨”人也不是说真的笨，大概率只是没有选对自己要做的事情，他的机缘不在你这里。你早点放手，也许是对他的帮助。

另外，我们还要看到陈六子是有较强的文化基础的，虽然他大字不识一个，但是乞讨时每日听书为他奠定了较强的文化基础。所以，我们在招聘团队成员的时候，还是要关注一个人的教育基础，毕竟有一定教育基础和没有教育基础的人在理解层面上是有较大差异的。

三是这些人拥有自己的人生梦想和目标。有的人工作只是为了一份收入，为了眼下，从来没有想过未来的自己应该是什么样子。这样的人做事情是不会有动力的，只会当一天和尚撞一天钟。当遇到和眼下自身利益冲突的事情，他会毫不犹豫地做出更有利于自己的选择，即便这个困难只是暂时的。但是那些有长远目标规划的人，他做事情是发自内心的，不需要太多的外力来驱动，他对自己的要求也许比你对他的要求还要高。你唯一要做的事情就是使公司的目标和他个人的目标相吻合、相统一，然后努力帮他实现这个目标，这样他也就帮你实现公司的目标了。如果他的目标和你公司的目标不一致，那么这样的人要么不会在你的公司待着，要么待着也是在利用公司的资源去实现自己的目标，不会为公司的目标全力以赴。正所谓，你有你的目标，他有他的计划。

二、培训拉练

很多创业者刚招聘到一支队伍就迫不及待地把队伍投入到战斗中去，结果队伍死伤惨重，丧失斗志的丧失斗志，离职的离职。这种做法虽然节省了培训成本，但是浪费了大量的招聘成本，而且对整个公司的士气是一个非常大的打击。

将没有战斗力的队伍投入到市场中，是没有办法打到粮食的。你让一个没有掌握基本技能的人单独作战，让他屡屡面对失败而不得其法，无异于在消耗他的心力，等心力消耗殆尽，失败的沮丧感围绕着他，他便会萌生退意。

对于新入职的员工，公司进行一定的培训是必须的，这个培训不一定要像大公司那样体系完备，但至少包括两个方面：一是企业文化培训，告诉他们公司倡导什么样的价值观念和做人的准则，什么是他们坚决不能碰的底线；二是业务培训，让他们掌握最基本的做事标准。

当然，也有一些行业就是通过大浪淘沙模式不断筛选人才的。比如，过去链家对基层员工采取的就是这样一种模式，公司对新入职员工基本没有什么培训，人员的招聘权也全都在店面，店面通过不断地招人、淘汰来实现筛选优秀人才的目的。对于公司来说，淘汰一部分人也就是损失了几个月的工资成本而已。另外，这个行业人员的流动性比较大，如果公司真的通过培训的方式来培养人才，可能会面临刚刚培训好的人才明天就申请离职的情形，这样公司的损失可能会更大。

除了培训，员工直接主管对员工进行日常辅导是带队伍非常重要的方法。管理者对下属开展日常辅导是培养下属和取得成果最有效的途径。一个没有对下属进行过辅导的管理者一定是一名不合格的管理者。每一层管理者都有义务辅导他的下属，包括一个公司的 CEO，他是全公司最重要的教育官，这甚至是他非常重要的一个角色。然而，很多公司的管理者都是以管代教，没有树立辅导教育的思想。本质上，这是一种懒惰的、不负责任的行为。另外，管理者需要明确管理的本质是通过帮助下属成长最终拿到组织想要的结果。管理虽然是通过他人拿结果，但绝对不是通过吆三喝四、指手画脚的方式获得，而是通过帮助下属真正实现成长、真正解决问题获得。

在辅导下属方面，阿里巴巴总结出了 16 字箴言：“我做你看，我说你听，你做我看，你说我听。”这 16 个字精准描述了辅导的精髓，以这 16 个字为原则辅导下属，可以确保传授的技能能够被下属完整接受。反观我们很多创业公司，当下属不会时只会批评，甚至是讥讽否定，这种做法极大地伤害了下属的自尊心和积极性，极不利于下属成长。

对于创业公司来说，人才培训的核心是培训基层管理者。因为他们不仅承担了最直接的战斗任务，要负责拿战斗结果，就好像一个军队里的排长、班长随时要提着刺刀带着兄弟冲锋陷阵，而且日常的队伍培养也主要由他们负责。如果基层管理者很弱，冲锋冲不上去，团队带不出来，组织是很难打胜仗的。

基层管理者通过培训要具备以下两项能力：一是团队管理能力，要能够打造一支优秀的团队。具体来说，要知道团队的班子是怎么搭建的，如何分工，如何合作；要知道怎么建自己的团队，人财物怎么保障，内部纪律怎么严明，队伍如何训练等；要知道怎么建立团队的文化，确保团队的精气神。二是业务管理能力，要知道怎么定团队目标，怎么管控过程，怎么拿到结果。若基层管理者很弱，则企业目标最终往往会落空。

此外，从一开始就要有拉练队伍的概念，当队伍有了一定的基础，就要制定一个较合适的目标，拉出去试试水。当然试水的目的并不是拿下多大的市场，而是树立队伍的信心。所以，目标要适合，别拉出去被打趴下了，信心被打击没了，这将不利于团队建设。团队士气是影响战斗结果的至关重要的因素。团队士气是靠一次次的成功积累起来的，如果总是失败，这样的团队会本能地走向失败。因此，与其每天喊口号，打鸡血，说一些空话，不如带着你的团队打几次胜仗来得更实际。有一句话说，最好的团建就是打胜仗，其实就是这个道理。

当然，拉练的难度也要有意识地一点点提高，太容易的胜利也会让人感觉乏味，反而是一些有难度的挑战能够让大家兴奋。

三、绩效考核

绩效考核是管理闭环的最后一个环节，没有形成闭环的管理是无效的管理。那些鼓吹绩效考核无用论的，不是绩效指标设置不对引发恶果，就是错误地将管理失败归因于绩效考核，让绩效考核背了锅。创业企业实施绩效考核，我认为重点要关注以下几个方面。

第一，开展绩效考核时要注意业务是否成型，如果一个业务闭环还没有跑通，就盲目制定绩效指标，这就相当于无的放矢，绩效考核必然无效。创业前期不要热衷于形式，而是要尽快跑通业务闭环，只有业务小模型验证了、明确了，考核才有基础、才有意义。在业务模式不确定时期，可以导入 OKR 工作法进行目标的设定和关键成果的管理，但是也不宜以设定的目标进行考核，因为这个时期的目标本身就有不确定性，试探性的行为更多。

第二，创业期的考核不宜太过复杂，很多考核工具虽然很好，但是不一定适合创业企业。适用性、可操作性最重要，尤其是针对一线员工的考核指标要直击要害、尽量简单。考核指标越多，往往越抓不住事情的本质，而且员工往往是你考核什么他就给你什么，最后极有可能伤害了业务的根本。

比如，如果餐饮公司考核员工的翻台率、客单价等指标，那员工就会为了翻台率想办法驱赶顾客，为了客单价想办法让顾客多点菜。这样做短期内可能满足了你的 KPI 指标，但是长期却损害了顾客的就餐体验，顾客可能再也不会来你的店面就餐。那么，餐饮公司考核一线员工时应该考核什么？其实就一条：客户满意度。因为不论是菜品、服务、卫生、环境，都是围绕着让客户最终满意这一点的，抓住这一点去考核，也就抓住了员工考核的“牛鼻子”。

第三，要注重过程考核。很多管理者讲自己只要结果，不问过程，简单粗暴地强调结果的重要性。但是这样的做法，一方面是忽视了自己的辅导职能，期望通过员工的自我能力完成目标，属于管理人员不负责的表现；另一方面是放弃了培养和树立企业价值观的机会，唯结果导向意味着只要有结果就是“英雄好汉”，而不问手段过程。这就好比是家长培养孩子时，对日常的教育辅导漠不关心，只是一味地提要求，如考试必须 100 分，考好了就有奖励，至于怎么考 100 分，并不关心。结果可能是孩子为了奖励通过作弊拿了 100 分，但是到关键时候，作弊就不起作用了，真实成绩也就显现出来了。

这里管理人员要明确两点：一是考核结果虽然重要，但是考核不能完全盯着结果，考核的重要目的是反馈调整，即发现问题，纠正问题，提升整体作战水平，保证最终获得结果。就好像孩子的考试成绩只是一个阶段学习成果的反馈，通过考试可以发现薄弱知识点，进而弥补短板，迎头赶上。二是不能只关注业务指标，还要关注非业务指标，如是否符合企业文化、是否与战略目标相符等。这部分内容会在后面的企业文化章节重点讲解。

第八章

系统三角：如何高效建设你的内部运作系统

相对于战略、组织、团队这三个看得见的管理要素，看不见的管理要素对于管理的作用更为重要。这些看不见的管理要素就好像是一个人的灵魂、一个人的血脉经络、一个人的温度情义，一个人只有具备这些才是完整的、鲜活的人。只有具备这些看不见的管理要素，一个企业才会是一个有魅力、有活力的企业。

这里特别强调一点，一个企业的成败很大程度上取决于这些看不见的要素，管理上看不见的要素可以归结为系统三角，经营上看不见的要素主要是商业模式。一个高明的领导者除了关注企业战略外，一定也会关注这两个部分。

本章我们主要介绍系统三角，具体包括：文化（企业的灵魂）建设、机制（企业的血脉经络）建设、感情（企业的温度情义）建设（见图 8-1）。

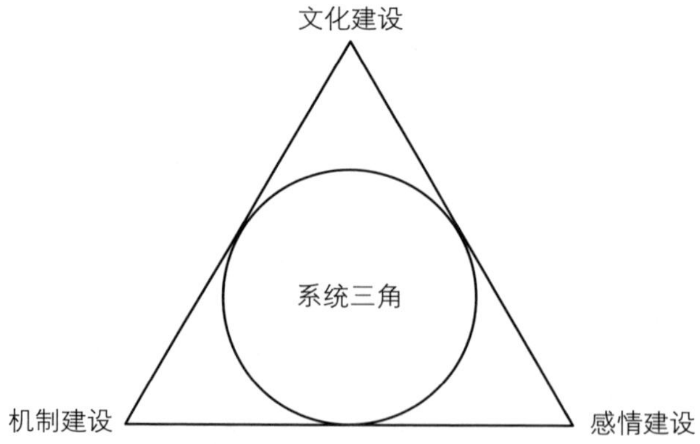

图 8-1　系统三角

如果把“定战略、建组织、带团队”这管理三件事归为“做事”的范畴，那么“文化建设、机制建设、感情建设”这系统三件事就属于“做人”的范畴。而且在我看来，“做人”相对于“做事”更为重要，就像俗话说的“做事先做人”。“做人”首先要树立正确的价值观，只有价值观正确，最终才能走得远。

做企业不仅要树立正确的价值观，而且要把企业的价值观和个人的价值观相统一。除了价值观念相统一外，目标和利益追求也要相统一，这就要靠机制建设。

价值观、目标、利益相统一后，还要做到组织有温度。就好像一个人虽然很能干，但只是一味地和你说做事，除了做事其他什么也不讲，冷冰冰的，则这样的人你一定是不愿意和他长久共事的。反之，如果一个人不仅会做事，还会嘘寒问暖，时不时给你打打气、鼓鼓劲，则这样的人谁都愿意和他在一起。人在组织里也需要感受到组织的这种“温度”，这种“温度”可以让一个人融入组织中，对组织产生依赖感，这种“温度”可以滋润一个人的心，让一个人在组织中干得长久，发挥更大的价值。

第一节　文化建设

企业文化包括使命、愿景、价值观。很多创业者认为，企业文化这种东西太虚，看不见、摸不着，也不直接创造什么价值，只有那些大企业才有精力搞这一套。那么，企业文化对于创业企业到底有没有用？

我们先看看文化的概念是什么。王东岳[①]先生说，文化是生存结构下的生存策略。也就是说，文化是你在一定环境下的生存策略，文化的核心是让你能更好地适应环境，生存下来，进而获得更大的生存空间。

从这个角度看，文化对创业企业具有非常重要的意义。因为创业企业在

① 王东岳，自由学者。

前期的核心任务就是求存，如何生存下来是创业企业考虑的重中之重。尤其是面对外界纷繁复杂的环境，如果没有一套合适的生存策略，创业企业将难以确保自己生存下来。当然这套策略不是坐在办公室凭空想象出来的，是你和环境不断碰撞之后总结出来的。这也就是人们说的文化是长出来的，强调文化是动态变化的，而不是一成不变的。

一、使命

什么是使命？使命就是我们为什么要做这个事情，做这个事情的理由是什么，是什么样的动力在驱动我们做这个事情。开篇中讲创业初心其实就是在讲使命，当然初心和使命还是有点区别的。初心是最初的起心动念，可能是遇到了一个什么问题，想去解决这个问题，而且觉得解决这个问题是有意义的，而使命是初心的提炼和升华。

比如“三个爸爸”，他们的初心是为自己的孩子做一款放心的空气净化器，给孩子提供更加安全、放心的空气，而且他们觉得这件事情对其他人也是有意义的。如果这个初心就是他们的使命的话，那“三个爸爸”的业务边界就很受局限了，使命达成也变得很容易。因此，需要在初心的基础上提炼出自己的使命，“三个爸爸”最终提炼的使命是：以科技呵护孩子健康，以科技陪伴孩子成长。这样“三个爸爸”的使命就变得更宏大。

那么，什么样的使命对公司的经营有价值呢？

一是要有意义，有强大的感召力，能吸引人，能够让人们愿意为之付出。有一个经典的案例：一家水处理公司的使命是“我们从事水处理业务，这个业务很好”。然而，他们的业绩并不理想。新上任的 CEO 在了解了公司的业务后，将公司的使命重新定义为“我们提供清洁的水，为客户提供更大的利益，促进世界环境的持续发展”。而且，他还在公司内部设立了一个大屏幕，上面显示公司每天为全球节约水的数量。这激发了公司员工的热情，他们突然觉得自己做的事情很有意义，他们会兴奋地和别人谈论自己的工作，认为自己在通过节约水资源拯救世界，而这种激情最终带动了业绩的提升。

二是能够像灯塔一样引导公司的发展方向。微软过去的使命是让所有家庭的所有办公桌上都有一台计算机，这个使命在比尔·盖茨的手里得到了实现。而在史蒂夫·鲍尔默接任 CEO 后，他并没有提出新的方向。在一个已经达成的使命下，微软迷失了，人们看不到未来，微软的股价一度下滑很严重，直到新的 CEO 萨提亚·纳德拉上任。纳德拉上任伊始并没有着急先“务实”，而是花了大量的精力去“务虚”，重新明确了微软的使命，即“赋能地球上的每个人和每家组织，帮助他们取得更多成就”。而且这一使命也是与微软台式机时代背后的核心精神相一致的，最终微软找到了新的目标，激发出新的活力。

三是能使公司拥有足够大的业务空间。使命在一定程度上限制了一个企业的业务边界。例如，美团的使命是“让大家吃得更好，活得更好”。其中，“吃得更好”是其使命的起步和核心，但是如果美团一直将自己的使命停留在“吃得更好”上，那美团也只能在餐饮相关的上下游产业链去拓展业务，就不会有后来的酒店、电影票、门票、娱乐、共享单车等业务的发展。

这里需要强调的是，创业公司要做的是实现从零到一，打造出自己的“一”才是核心，不要心猿意马、海阔天空，没有“一”这个业务的成型，其他业务和你没有一点关系。所以，前期的时候不要追求高大上的使命，使命简单一些、聚焦一些，反而更有利于集中力量打下市场。

另外，企业成长后，那些新业务也不是凭空而来的，多是从已经成型的业务中生长出来的。比如，美团在餐饮、酒店、旅游这些业务成熟以后生长出外卖这个业务，外卖这个业务成熟起来后，又在此基础上生长出共享单车等业务，今后有可能实现从本地服务电商到本地实物电商的跨越。

还需要强调的是，不要让使命限制了企业的发展，尤其是不要让一些外在的产品形态或者服务内容限制了企业。打个比方，一家制造马车的企业的使命是做世界上最好的马车，但是马车这个产品形态随着历史的发展被淘汰了，那你是不是还要坚守自己的使命？要摆脱这个束缚的核心是从最初就向下挖掘自己的使命价值。比如，还是以这家制造马车的企业来说，购买马车是一个当下的需求，但是人们真正的需求是什么，是更便捷的出行，那么其使命就可以是：为人们提供更便捷的出行方式（或者交通工具）。

最后，使命既然规定了企业的发展方向和生存空间，那么它必然直接影响企业的战略。从战略章节里我们知道，战略要求的第一点就是避开竞争，要避开竞争，企业的使命就要有足够的独特性。比如，如果汽车企业的使命都是为人们提供更便捷、更好的交通工具，那么这么多汽车企业在竞争中如何保证自己生存呢？这需要企业的使命在一开始就具有独特性。比如，宝马的使命是传递运动之悦，沃尔沃的使命是保护人们的安全，而同样是造车企业的特斯拉，它的使命是加速世界向可持续能源的转变。从这些使命里我们能够看出，使命是一家企业的生存策略，这也就是本节开篇就讲到的文化是生存结构下的生存策略。使命是从战略层面上指出企业的生存空间、方向和策略。

二、愿景

愿景是你要实现什么、达成什么。愿景是一个目标。既然是一个目标，那么这个目标就必须起到激励人、凝聚人的作用。很多公司把愿景定为公司自身要成长成什么样，期望通过这种愿景来激励内部成员共同努力。比如，特斯拉的愿景是通过推动世界向电动汽车转型，打造21世纪最具吸引力的汽车公司。还有的公司将自己的愿景直白地表述为成为世界500强企业。我们能看到多数企业都将愿景的重心放在企业本身，但是这些将重心放在企业身上的愿景是好的愿景吗？

我们看看那些不一样的公司，看他们是如何制定愿景的。

我们先来看华为的愿景。最初华为的愿景是丰富人们的沟通和生活，后来华为的愿景是构建万物互联的智能世界。但是不论新旧，华为愿景的重心始终是放在外部的，它不强调自己的组织将变成什么样，而是强调外部的世界将通过华为人的努力变成什么样。是不是感觉立见高下，不得不佩服任正非的经营智慧，这也正体现了经营的本质是通过成就他人来成就自己。一个将重心放在企业外部的愿景更容易凝聚人、鼓舞人、激励人，而一个将重心放在企业内部的愿景，因为更多关注组织本身，有时候极容易成为一种一厢情愿，并不一定能够引起组织成员的共鸣。

我们再来看阿里巴巴的愿景，最初它的愿景分为三个层面：一是公司层面，即成为一家持续发展 102 年的公司；二是客户层面，即成为全球最大的电子商务服务供应商；三是员工层面，即成为全球最佳雇主公司。这三个层面的愿景既兼顾了各个利益层面的需求，又统一在“让天下没有难做的生意”这一使命下，实现了公司目标的一致。后来阿里巴巴新的愿景是：我们不追求大，不追求强，我们追求成为一家活 102 年的好公司；到 2036 年，服务 20 亿消费者，创造 1 亿就业机会，帮助 1000 万家中小企业盈利。这一愿景更侧重于企业为外部商业世界提供什么样的价值，以及为客户提供什么样的价值。在公司自身层面，阿里巴巴也做出了自己的价值选择，就是要做一家长久的经得起考验的公司，不一味求大、求强，体现了企业特有的生存主张。

从这些优秀企业的愿景中我们可以看出，他们将更多的关注点放在了外部，思考自己能为世界带来什么改变，未来的世界是什么样子，自己能为客户带来什么价值，未来客户会获得什么样的价值，而不是一味关注自身未来是什么样子，要达到什么高度。这也体现了商业的本质，即你要先给别人提供价值，才有可能有所收获。正所谓“欲先取之，必先予之”。

三、价值观

如果说愿景是共同的远期目标，使命是实现目标的驱动力，那么价值观就是实现目标的过程中的行为准则要求。价值观规定了企业谋求生存时应遵循的行为准则，如果突破这些行为准则，危害的是企业长期生存的根基。

创业企业在选择价值观时，往往面临的是长远利益和短期利益的博弈。

一种情况是企业为了求得当下的生存，选择一些“负”文化作为自己的生存法则。比如，金钱为上的价值观念、不正当竞争等。企业如果选择这些没有底线的生存法则，短期内可能会获得一些利益，但是长期来看，这样的企业是没有未来的。

还有一种情况是创始人和企业虽然有一套比较正确的价值观，但是当价值观与利益冲突的时候，尤其是企业资金紧张，发展困难的时候，就向利益做了妥协。

总结以上两点，可以说价值观是用来践行的，只有那些企业在关键时刻践行的价值观，才可能是企业真正的价值观。那些挂在墙上或天天喊的口号，若关键时刻都放在一边，只能成为一种讽刺。这就好像是一个家长每天教育孩子要诚信，做人不能撒谎，可是每次孩子迟到怕老师批评的时候，他就出面帮孩子撒谎，告诉老师说孩子早上不舒服之类的。试问，这样的行为能够帮助孩子树立诚信的品格吗？对应到企业价值观的建立也是一个道理，有的企业口号、标语满天飞，可是真正到了关键时刻，就将这些口号、标语抛到脑后，最终上行下效，潜移默化，逐渐形成一套“暗黑”的企业文化。

很多人都听过这样一种观点：企业文化是从业务中生长出来的。怎么理解这句话？

首先，文化是为了生存采取的应对策略，这个应对策略是对环境的一个过程性试探。企业文化是企业在与内外部环境不断冲突的过程中逐步试探总结出来的，而不是想当然提出来的。

其次，面对不同的业务形态，这种应对策略自然会体现出不同。比如，销售型公司的企业文化往往是“客户第一”；生产型公司的企业文化大概率是“质量第一”；而资源生产型公司的企业文化可能是“安全第一”。这些企业生存的土壤不一样，生发出来的企业文化也就各不相同。

最后，即便是同样的企业文化概念，内容也可能不一样。比如，阿里巴巴的“客户第一”是将重心放在了商家身上，而亚马逊的“客户至上”则是把顾客放在了第一位。同样是客户第一，它们的内涵却有天壤之别，这是由它们的使命决定的。阿里巴巴的使命是“让天下没有难做的生意”，而亚马逊的使命是“让人们可以通过简单的网络操作获得具有教育性、资讯性和启发性的商品”。出发点不一样，价值观、战略、组织形态、商业模式就都不一样。

那么，对于创业者而言，企业文化要如何落地，如何从外在形式变为真正的内在驱动力呢？很多创业者认为企业文化没有用，很大一个原因是没有将企业文化落地。而落不了地的企业文化，自然没有办法发挥它应有的价值。

企业文化要想落地，离不开对企业文化的考核。那么，如何对企业文化进行考核呢？首先，要对提炼的企业文化进行详细的拆解。企业文化多数是高度提炼的，如阿里巴巴的企业文化是客户第一、团队合作、拥抱变化、诚信、激情、敬业，但这些抽象化的文化提炼无法量化考核。所以要想对这些企业文化进行考核，就要对其进行拆解，找到现实工作中这些企业文化会有什么样的行为表现。

比如，对于敬业这一企业文化，阿里巴巴就拆解出以下具体行为：

□ 专业执着，精益求精

□ 上班时间只做与工作有关的事情；没有因工作失职而造成的重复错误

□ 今天的事不推到明天，遵循必要的工作流程

□ 持续学习，自我完善，做事情充分体现以结果为导向

□ 能根据轻重缓急来正确安排工作优先级，做正确的事

□ 遵循但不拘泥于工作流程，化繁为简，用较小的投入获得较大的工作成果

有了这些具体的企业文化拆解，不仅企业文化考核便于落地，员工也有了企业文化落地的具体行动指南。

接下来就是对企业文化的考核，重点关注以下几方面内容。

一是考核周期。考核周期不宜太短，主要是频繁的考核会导致管理成本过高。但也不宜过长，如一年一次或者半年一次，这样的考核达不到考核的目的。考核周期设置为一个季度一次是比较合理的，这样既能够实现最佳的管理成本，又能够及时反馈，促进员工的自我提升。

二是考核对象。企业文化考核不能仅针对员工，更重要的是对高层管理者进行考核，因为企业文化的打造和落地生根主要是由高层管理者带动的。如果高层管理者的文化价值观出现问题，那么整个组织的文化也一定会跑偏。

三是考核方式。考核应采取自评和他评相结合的方式。自评是自己对自己进行评价，他评是他人对自己进行评价，尤其是上级领导对自己进行评价。自评和他评之间一定会出现认知差距，这个差距就是需要弥补的地方。这里还有一个核心操作点，即进行他评时，上级对下级的评价要公开透明，这有助于下级的成长，而下级对上级评价则要采用完全匿名的方式，这是出于人性和保护下级员工的考虑。

四是考核分数设置。可以将考核分数分为几个等级，比如“凯叔讲故事”在考核时将分数分为以下几个等级。

□ 5 分：超出预期

□ 4 分：顺利达到预期

□ 3 分：及格线，勉强达到预期

□ 2 分：未达标，但过程中也有好的部分

□ 1 分：很差，需要改进的地方非常多

□ 0 分：一无是处

“凯叔讲故事”在内部考核的时候，要求针对考核评分给出具体的评语，对低于 3 分的要给出具体的改进意见。另外，不同的公司对合格线的要求不

同，很多公司将3分定为合格线，4分定为超预期，5分定为极其卓越。但这样一方面降低了队伍培养标准，另一方面，5分的标准基本上高不可攀，不利于激发个人的积极性。

五是反馈提升。考核的目的是改进提升，因此针对考核结果，管理者要与被考核者进行单独的反馈交流，帮助被考核者制订改进计划。如果只是将考核结果反馈给被考核者草草了事，则这样的考核可以说是“为山九仞，功亏一篑”。一个好的考核一定是针对考核结果帮助被考核者找到问题，剖析问题，制订改进计划，下一季度考核时再回头来看这些问题是否得到了改进。只有不断优化改进的团队，才可能成长为一个优秀的团队。

六是结果应用。企业文化考核的结果要作为人才选拔和使用的重要参考。对于突破企业文化底线的人，不论其职位多高，在公司地位多么重要，都要坚决开除。这种开人的困难对企业是一时的，但是留下这样的人对企业的影响却是不可估量的。

第二节　机制建设

什么是企业机制？企业机制就是企业在内外环境下，结合各种资源和利益主体设置的一套运行模式。这个运行模式的核心驱动力是个体利益诉求的满足和整体利益的实现的统一。

例如，秦国在商鞅变法之前是七国中最弱的，其他六国都看不起秦国。但是秦孝公任用商鞅进行变法，使秦国逐渐强大起来，从而为秦国最终扫灭六国、实现一统奠定了基础。在变法中，我认为最重要的就是商鞅设置了奖励耕织和奖励军功的机制。

在奖励耕织上，规定耕织产出越大，纳税越少，而产出越少，纳税越多。这就逼着老百姓努力生产，从而为秦国的强大奠定了物质基础。

在奖励军功上，将过去贵族阶层的爵位制度虚化，另外设立了靠军功换取爵位的制度。因此，秦国士兵的战斗积极性和战斗力大增。六国的士兵和秦兵对战，还没有开战就已经吓得腿肚子抽筋。这就是秦国的军队后来被称为虎狼之师的原因。

通过上面这个例子，我们能够看出机制设计对整个国家力量的释放是多么重要。机制设计对企业也同等重要，但是很多创业者往往忽略了对企业机制的设计。

我在餐饮行业创业的时候，就没有针对最关键的利益实现者——厨师做好机制设计，导致创业最终失败。厨师是一个饭店最关键的成功因素之一，对于这么重要的因素，如果没有设计好利益机制，后果其实可想而知。而我在具体设计上，首先是让大师傅出资 10% 成为股东，然后我个人再赠送 10% 的股份给他，表面上看这个股份比例应该是足够了。但是，在创业初期，尤其是对于快餐店而言，一方面净利润并不是很高，另一方面我的创业方向是规模化、连锁化，这注定在很长一段时间项目处于投入期。这样在前期开店投入较大的前提下，大师傅虽然有 20% 的股份，但是分红收益短期内无法实现。我虽然考虑了大师傅的个人利益，但是并没有让大师傅的个人利益和公司的利益完全统一，最终这种矛盾在其他方面爆发，导致创业失败。

我个人的例子是机制设计的一个反面例子。在创业过程中，不少创业者会犯像我这样的错误，甚至不考虑核心利益者的利益诉求，简单认为是公司给他们提供了就业挣钱的平台，只知道用职业道德、职业素养这些东西要求员工无私为公司奉献。其实这些观念是极其错误的。一个好的创业者一定能够关注到每一个合作者的利益诉求，并满足这种利益诉求。只有在这样的前提下，项目的架构、关系才会是稳定的。如果你没有满足单个利益主体的诉求，只能说明你的机制设计，甚至是商业模式设计都是有问题的。

聪明的创业者都知道做好机制设计是撬动内外部资源和活力的最有效方法。有些创业者感觉干得很累，公司好像只是自己的，下面的人领着薪水，但是根本不关心公司的问题和发展，眼里只有自己的那点小利益。其实问题的核心是没有通过机制设计调动大家的积极性。也就是说，好的机制能培养人。

很多老板总是想通过愿景来培养人，靠画大饼忽悠人。我曾见过这样一个老板，他发现一个人才，给这个人才很高的职位，然后月薪只给5000元，说什么你专心帮我实现我的人生价值，把公司一起做上市，至于你的人生价值，以后我很容易就可以帮你实现。结果可想而知，这个人才很快就离他而去。

还有一些老板喜欢从优秀的企业挖人才。我认识的一个餐饮企业老板就从海底捞挖了一个经理，他和我说这个经理如何厉害，结果厉害的经理到了他的企业不灵光了，他又和我抱怨，原来看着挺优秀的，到我这儿就变了。我想说，其实不是他变了，是他所处的环境变了。他的优秀当然有他个人的原因，但是在更大程度上，是由他原来企业的整体机制和氛围塑造的，是他原来优秀的企业让他显得更优秀。如果你的企业没有这样的机制，也就无法培养出优秀的员工。

这样的例子在现实中比比皆是，如麦当劳、肯德基的店面经理在原来的体系中干得很好，但是被挖走后，就显得很平庸。所以，创业者们不要抱怨自己的员工不好，总是羡慕别人家的员工好，好像好员工都跑到别人家了，自己家上天不眷顾，把不好的都给了自己。实际情况是你自己不行，企业机制建设没有做到位。如果企业机制建设到位了，好员工也就自然出现了。

企业机制建设的核心是如何通过各种安排使个人的利益得到实现，并在个人利益实现的同时，帮助企业实现目标。不要让员工用做公益的心态帮你做事业，特蕾莎修女是高尚，但是世界上又有几个特蕾莎修女。

从人性的角度出发设计机制，才能让员工干劲十足，才能让企业走得更远。拿企业人才培养这件事情来说，从企业利益的角度看，人才培养是需要企业付出巨大成本的。但是如果想要优秀的老员工来帮助企业培养人才，这些老员工又会有“教会徒弟，饿死师傅”的顾虑，往往也不会真心实意带徒弟。那么，如何解决这个问题？

海底捞通过师徒制有效解决了这一问题。海底捞规定，一个店长不仅可以享有本店的业绩提成，而且通过带徒弟的方式，让徒弟成为新的店长，还可以享有徒弟店面的业绩提成，甚至还规定享有徒弟的徒弟店面的业绩提成。在这种提成制度下，每个店长都拼命带徒弟，希望徒弟可以独当一面，这样海底捞就用很低的成本完美解决了人才培养问题。

顺带说一句，有一本书叫《海底捞你学不会》，是真学不会吗？如果你学海底捞表面上的东西，比如超预期的服务，你肯定学不会，这就好像是你摘了片树叶种在土里，却没有树根、树干这些可以生根发芽的东西。海底捞真正的秘密就是它的企业系统、组织能力，你只有学会了如何打造企业系统、组织能力，才有可能让自己的企业真正地“生根发芽”。

例如，阿里巴巴要求想要晋升到一定级别的管理人员必须向公司推荐一定数量的优秀人才。在华为，想要获得晋升必须到最苦的地方历练。这些机制设计把个人利益和公司利益巧妙挂钩，既满足了个人的需求，又满足了组织的需求，个人自然就有了工作自驱力，组织的目标也就容易达成。

机制设计主要围绕如何满足个人的利益诉求这一问题。对于成熟企业而言，这套机制应包括：岗位等级体系、任职资格体系、绩效管理体系。在激励手段上，既包括物质激励，也包括非物质激励；在激励范围上，既关注个人激励，也关注团队激励。

对于创业企业而言，机制设计的核心就是考虑如何给大家“分钱”，如何让想进步的人能够走到舞台的中央担当重任。在创业初期，不一定非要有一个完整的系统来帮助做这件事情，只要有一些指导原则和方法论来帮助落地就可以。总的原则是鼓励什么就奖励什么，不鼓励什么就惩罚什么。谁在正确的价值观指导下创造的价值多，谁就应该拿得多。应通过机制设计让整个企业形成一种氛围。

比如，华为前期分配奖金的时候，是任正非一个人拿着花名册在上面圈圈画画就定下来的，这个圈圈画画没有什么技术含量，也没有什么体系、系统可言，但是它一定符合了“创造价值的人分享价值”这样一种信念。如果任正非的圈圈画画是想给谁多少就给谁多少，那么华为也不会有今天的成就。

但是企业发展到一定时期，要想突破，要想起飞，就一定要做好机制设计，通过企业的机制设计使员工的个人目标和企业的发展目标相统一。其实关于这件事情，多看看晋商的发展史就明白了。像大盛魁这样的商号之所以能够发展起来，很重要的一个原因就是通过顶身股这样的机制把东家、掌柜、伙计绑定在了一起，形成了一个利益共同体。回到当下，像海底捞、百果园之所以能够获得巨大的成功，背后很大的原因都是企业机制设计对了。只有利益一致了，目标才能一致，企业才能发展。

最后，说到机制就不得不说一下制度。先说一下机制和制度的关系。机制是激发组织和个人行为的内在动力因，而制度是规范组织和个人行为的外化手段，包括企业机制的外化。一个组织是否有活力，组织是否能被有效激活，核心是看组织内在机制的设计是否到位。创业者往往容易看到表面的制度、流程这些东西，而且把这些东西当作企业管理的核心。实质上，找到适合自己的企业机制才是实现企业组织有效运转的关键。

再说说什么是制度。关于制度的概念，很多人的认识很模糊。有的人认为制度是管理内容的外在体现。这么说也对，但是，从“人”的角度来说，我认为，制度规定了调动“人”的机制的设计问题，是给组织里的人的一种生存环境、发展环境方面的承诺，只要大家按照组织设计的机制来做，就能达到个人预期的目标；从“事”的角度来说，制度规定了大家在组织里具体做事的行为规范和步骤，但大多数“事”都指向集体和个人的相关利益诉求，制度就是为了统一这种利益诉求，不能为了集体的利益而不顾个人的利益，否则这样的制度设计最终会无法得到贯彻，甚至遭到强烈的抵制。

对于创业企业而言，很多事都不明确也不稳定，如果执着于这种规范和步骤，反而会阻碍组织的正常发展。而成熟型的企业恰恰相反，由于企业规模较大，事务较多，业务又处于成熟状态，因此标准化、流程化、制度化就必然成为成熟企业发展的要求。

第三节　感情建设

系统三角里讲了“文化建设”“机制建设”，为什么还要谈“感情建设”？因为在我看来，一个系统整体上既离不开文化这个灵魂，机制这个骨骼框架、血脉经络，也要有情义这个外在“温度”。我们只有让组织有温度，让人对它有依赖，喜欢它，才能让组织走得更长远。

那么，如何进行组织的“感情建设”呢？福耀玻璃的曹德旺秉承“能帮助一个是一个”的精神，帮助身患重病的企业员工，是感情建设；在公司取得阶段性胜利时搞团建，让兄弟们可以尽情放松，是感情建设；在年终表彰会上将优秀员工的父母请来一起参加，见证自己孩子的成就，是感情建设……

在我看来，一个公司最重要的感情建设方式是关心员工的成长。员工来到你的公司最主要的是想实现个人的成长和价值。一个有情有义的公司应该从员工入职第一天起，就和员工一起制订一个成长计划，帮助员工不断获得成长，最终实现他的人生价值和目标。如果员工一进公司就让他自生自灭，能不能成长全靠他自己摸索，则这样的公司是对员工最大的不负责，即便公司天天搞团建，员工也感受不到公司对他的关心，甚至会反感公司占用自己的时间。

这就好像是一个老师，每天对孩子们嘘寒问暖，关爱至极，但是在关键的学习上，却很少帮助他们提升成绩或教给他们学习方法。面对最终的升学考试，孩子们会发现，这样的老师是不合格的，是害了他们的。

那些公司已经付出很大努力去帮助成长，但无论如何就是难以实现成长、达到目标的员工，很有可能是他的岗位选择或者行业选择不对，这时公司应该帮助他重新制定目标，选择岗位，尽量给他安排一个可以发挥自我价值的地方。当然，也许公司遇到一个本应是画家的天才，却将他放在办公室写文件，即便换到销售岗位也无济于事，那么应真诚地告诉他，让他寻找自己真正的梦想，这才是对他最大的负责，别让他和公司都经受痛苦，消耗时间。也许在外面，他可以找到适合自己的坐标，真正放飞自我。

说了有情有义的公司是什么样子，那么无情无义的公司是什么样子呢？当然就是它的反面。比如，一个领导不去发掘下属的亮点，不去伸手帮助下属，而是一味指责、一味批评，在他的眼里看到的永远是下属的缺点和不足。

组织的温度是靠人和人之间的交往形成的，不是靠冷冰冰的制度。不愿意付出自己的感情，光想靠制度建设来实现组织凝聚的，最终换来的也一定是冷冰冰的回应。唯有真诚地对人才能换来真诚的回应。

有梦想、有利益、有温度，这样的组织才是一个能够吸引人、留住人、培育人、激发人的组织，这样的组织才能实现战略目标，才能带出有战斗力的优秀团队。

6

第六篇

创业外部驱动力

第九章

市场经营三角：市场经营三件事

管理的核心是三件事，市场经营的核心也是三件事：产品、营销、销售（见图 9-1）。企业占领市场就靠这三件“武器”。刘润老师在《5 分钟商学院·商业篇》一书中讲过一个企业能量模型：企业经营就是一个能量生产、能量转化的过程，产品产生势能，渠道和营销把势能转化为动能，做产品就是把千钧之石推上万仞之巅，获得尽可能大的势能。

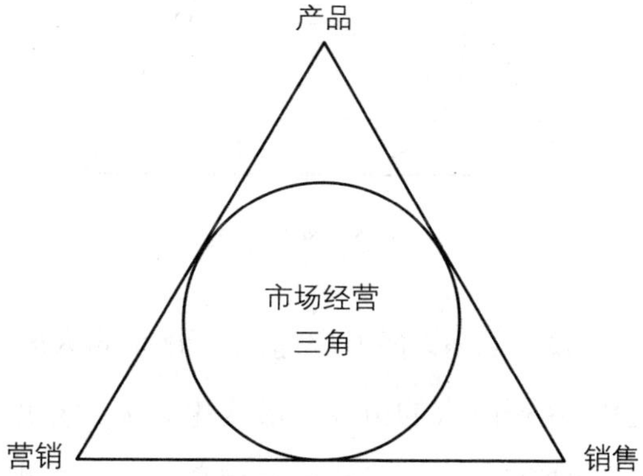

图 9-1　市场经营三角

但作为创业者，明白了产品、营销、销售三者之间的关系还不够，更要有能力直击它们的本质，抓住要害。只有在“道”的层面深刻理解它们，在“术”的层面的应用才不会跑偏，最终才能实现这种能量的转化。

第一节　产品三角：如何打造用户买账的产品

很多创业者都会争论是产品重要，还是营销重要。从能量的角度来说，一定是产品重要，没有这个能量的原点，再好的营销也会落空。当然，产品这个能量的原点再好，如果营销没能帮助把这个能量释放出来，产品也滚动不起来。

那么，我们如何打造好产品这个能量的原点呢？我认为核心是抓住三个要素，即用户需求、产品创新、产品验证，它们构成产品三角（见图 9–2）。

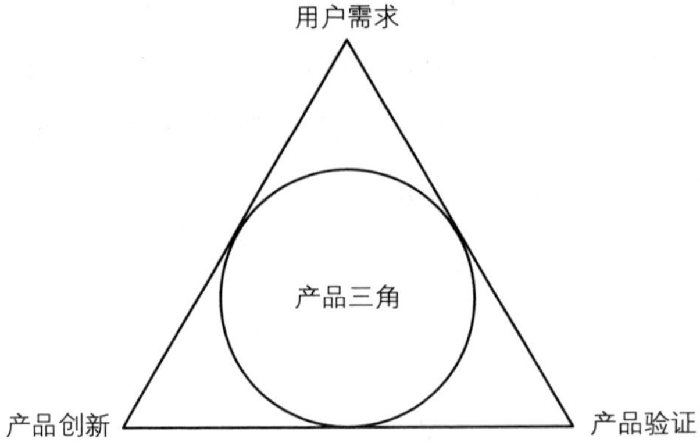

图 9–2　产品三角

用户需求是商业的起点，没有用户需求，商业的大厦就无从建立。即便通过其他一些方式暂时获得巨大的市场，最终也难免大厦崩塌。产品就是满足用户需求的载体。创业者通过产品最终满足用户需求，实现价值交换。

产品创新是创业者的必修课，尤其是在当今商品极大丰富的时代，没有创新的产品就没有存在的价值，巨大的投入最终只会化为市场的泡影。

产品验证是用最小的成本完成业务闭环的验证，产品验证是为了证明企业提供的需求解决方案的真实性，应在有了这个“1”的验证后再进行下面的资源投入。

一、用户需求

1. 产品定义

在说用户需求前，我们先来看看什么是产品。

你可能会想到一个个具体的产品，如手机、电脑、汽车等。这些都是产品，但只是产品的一部分。

产品用一个简单的定义表述是：企业用于满足人们需求的一种实现形式。这个定义的核心是满足用户需求，而不是实现形式。形式在这里变得不重要，它只是为了满足人们的需求而产生的。对需求的挖掘才是打造实现形式的核心。

一个经典的案例是：用户想要在墙上打一个孔，根据这个需求，商家应该给他提供一个钻孔机，这时商家可以成为一个专业的打孔方案供应商；可是再追问一步，用户为什么要在墙上打一个孔，因为用户想要挂照片，那也许其他的方案也可以帮助用户，比如，提供一种强力胶带或是黏钩等，这时商家可以成为一个专业的固定物品方案供应商；可是再往下追问，用户为什么要挂照片，因为用户想要展示和留住美好的回忆，也许你可以做一个电子相框或者做一个在线电子相册等，这时商家可以是一个专业的图像制作服务供应商。

从这个探索用户需求满足的过程可以看出，产品的形态从具体的实物产品变化到一种服务，而服务是更深层次地满足用户需求的形式，实物产品只是服务的一种具象化。

比如，过去人们获得知识主要通过书籍这种形式，可是随着科技的发展，电子书、有声书等知识供应形式不断涌现，这种从有形到无形的服务升级更好地提升了人们获取知识的效率和体验。

对产品形式的选择是定义产品的一种方式，底层是满足用户更深层次的需求。

除此之外，还有对产品边界的突破，重新定义一个全新的产品。最典型的例子就是乔布斯对手机的重新定义，将手机的功能从原来的通话拓展到娱乐上。通过对产品的重新定义，不仅创造了一个全新的产品，也开辟了一个全新的市场。

比如，西红柿在蔬菜这个品类里竞争激烈，售价在每斤 2 元左右。可是通过基因改良，让西红柿回归到过去的口感，又相对容易存储，之后和水果放在一起卖，将产品定位为一个新的品类——水果西红柿，就可以直接卖到每斤 4 元以上，还十分热销。

又如，速溶咖啡行业一直是雀巢的天下，但是一个全新的互联网品牌三顿半重新定义了速溶咖啡。它通过技术革新，让速溶咖啡具有了冷萃咖啡的优良口感，又较速溶咖啡更便捷，实现了 3 秒溶于任何液体，哪怕是一杯冷水。最终，三顿半定义了一个全新的即溶精品咖啡的产品品类，创造了一个全新的用户需求。

有人说，三顿半的成功是因为互联网营销做得好，是因为产品颜值高。但实际情况是，如果不是因为三顿半重新定义了产品，开创了一个全新的咖啡品类，创造了一个全新的用户需求，三顿半的营销做得再好也是没有办法打败雀巢的。

一个全新的产品本质上满足的是全新的需求，面对的也是全新的市场。

通过上面的分析，我们不难得出一个结论，即产品定义是对战略的承接，核心是通过产品定义实现公司战略的落地。脱离公司战略的产品定义即便做得再好，也是没有意义的。

2. 需求层次

产品是整个企业能量的原点和聚焦点，是企业最终与用户建立关系的核心。用户是喜欢你，还是拒绝你，都在于产品是否博得了用户的好感和满足了用户的内在需求。

从马斯洛需求层次理论来说，产品的质量和功能满足的是用户较低层次的需求，而当今社会，这种层面的需求满足方案到处都是，差异化不大，但竞争极大，因而人们极容易得到这种满足，反而是更高的精神层面的需求尚未有效满足。未来谁有能力在满足质量、功能层面需求的基础上，在产品中提供某种精神满足，谁就能抓住用户。这也是打造品牌的关键所在。但前提是质量和功能层面先做好了，起码要让用户在这个层面认可你的产品，只有这样你才有可能塑造一个产品精神层面的东西。

3. 购买驱动力

如果产品能够满足用户质量层面、功能层面、精神层面的需求，要使用户尽快做出购买决策，还需要一个购买驱动力。

恐惧和期望往往是人们决策的底层驱动力，其实期望也是一种恐惧，是出于对现状的不喜欢或者讨厌，而产生的对未来的幻想。如果你的产品在功能、质量、精神层面都做得不错，就要注意你的产品在底层是不是有一个触动用户情绪的点。这个点的存在是十分重要的，用户害怕什么、期望什么，只有触动这些底层的情绪，才能驱使他做出决策。千万不要一上来就拿着你的产品给用户做理性分析，这些看似很有道理的东西最终都会变成用户做出购买决策的障碍。

我之前在做一个产品的时候，就傻傻地做了一堆针对产品和用户的理性分析，自己看得得意扬扬，觉得真是完美，可就是没有什么销量。后来才明白，你和用户用理性思维交流，用户启动的也是相应的理性脑。而在分析决策时，理性脑会一直想你说的对不对，而且往往采取直接否定的态度。也就是说，理性脑天生处于防御状态，而且很难被打败，除非用洗脑的策略，让理性脑感觉疲劳，放松防御。

所以，一开始你最关键的是通过感性的方法获得用户的好感。就好像男孩追求女孩时，要让女孩先对你有了好感，再去慢慢展示你的优秀和实力。别一上来就把房产证、学历证书、存折、银行卡、车钥匙都摆出来，这样只会让对方讨厌你。这些东西最好是让女孩自己去感受，你不要说，她会对她自己感受到的东西做出判断，而且深信不疑。做产品也是一个道理。

4. 场景

场景是一个产品使用的空间和时间。也就是说，在什么情况下、什么时候，用户会想使用这个产品。

比如，罗辑思维的60秒语音，一个经典的使用场景就是用户早上起床上卫生间的时候。

又如，RIO鸡尾酒，这个产品在前期尝试了很多渠道，就是打不开销路。后来找到了酒吧这个销售渠道，一下子打开了市场。其实这就是典型的给产品找到了场景。试想，在酒吧里，女生们喝着彩色的低酒精度的鸡尾酒，是不是感觉非常浪漫啊。

再举一个反面的例子，有一次我在逛超市的时候，在货架上看到一款用古典大肚酒壶包装的玫瑰酒，这款酒是给女士设计的，但一看就有问题。首先大肚酒壶是很经典的中国白酒盛器，和女性化的产品在产品功能和精神需求层面上都是有冲突的，试想一个抱着大肚酒壶的女生喝酒是什么感觉。还有就是超市是人们购买日常生活用品的地方，这个渠道与产品优雅的定义不太匹配，很难激发出用户的需求。所以，产品厂家还是抓紧先明确用户画像，再换个包装、找个场景吧。

因此，一定要给产品找一个好的场景，这个场景要能够激起用户的某种感情，这种感情是影响用户做出购买决策的关键。总之，谁的产品能和用户产生感情交流，谁就能获得用户的青睐。

5. 用户体验

一个好的产品一定是一个用户体验极佳的产品，用户体验差的产品最终是会被用户抛弃的。

那么，什么是用户体验？用户体验是一个过程，而不是一个单独的点。用户和你的产品接触的全过程中存在很多关键节点，这些关键节点都影响着用户体验。

比如，你准备出去吃饭，整个体验过程包括决定吃什么、决定去什么地方、进店点菜、等餐、就餐、结账等环节。

这整个过程中用户可能产生以下体验问题：想吃什么？去哪儿吃？停车方便吗？有位置就餐吗？到店后有人主动接待吗？卫生环境怎么样？点菜的形式是什么样？菜单能看懂吗？价格怎么样？等餐时间长吗？等餐期间有什么其他服务吗？上餐顺序合理吗？菜品味道怎么样？服务员服务及时吗？结账方便吗？等等。

这些接触节点上出现的问题，都有可能使用户体验变得糟糕，进而使用户最终放弃选择我们的产品或者不再选择我们的产品。为了促进销售增长，我们就要针对这些用户体验问题给出解决的方案，确保用户体验良好。

比如，在用户决定吃什么的时候，你要能够让用户想到你，而且是很容易想到你，不要给自己设置障碍。例如，有一次我想用某个网站，结果死活想不起来它叫什么名字，最终只能放弃。你的饭店也是一样，别起稀奇古怪的名字，让人怎么想也想不起来，否则就是给自己设置用户体验的障碍，而且直接在第一关就把自己给踢出局了。

当然，用户在体验的全过程中会遇到的问题太多了，企业往往不会有那么多资源来确保每一个问题都得到良好的解决。在这种情况下，重点要注意以下几点：

一是解决的问题要和企业战略相匹配。例如，海底捞的战略重点是服务，所以他们就将主要资源集中在为顾客提供优质的服务上。如果你的战略重点是好吃，那就要集中精力提升菜品口味，其他环境之类的可以适当忽视，很多苍蝇小馆不就是这样成功的吗？

二是找到导致核心用户流失的体验点。很多时候，企业增长乏力，甚至出现用户数量下降的情况，这往往是因为用户体验的某些关键环节设置不合理，没有解决用户的问题，不能给用户带来价值。

在应用层面上，用户体验地图是解决用户体验问题的有效工具，这里就不多讲了，大家可以自行学习如何使用该工具。对于创业者而言，拥有这个概念和认知才是最关键的，要不然你连门都找不到，就不要说门里有什么了。

三是既然全过程的完美体验没有办法做到，我们就要注重关键的几个体验点。就好像组织一场经费有限的晚会，不可能面面俱到，而是要把握好几个重要的节点，尤其是高潮和压轴部分，高潮推上去了，压轴压好了，一场晚会就会给人们留下美好的回忆。这就是有名的峰终定律，就是利用人们认知上的偏见，影响人们的评价。如果高潮部分特别精彩，人们就会记住。晚会要结束了，因为近因效应，表演的内容也容易被记住，至于前面演了什么大概都忘记了，除非过程中出现一个特别糟糕的节目，成了整台晚会的污点，也会被观众牢牢记住。所以，在关键的节点上安排几个高质量的节目，一台晚会基本就成功了。

在商业上，我认为利用峰终定律非常棒的案例是迪士尼乐园。迪士尼给你的第一个高潮就是花车巡游，根据人们入园的时间，巡游时间定在每天中午十二点和下午三点半，这个时间基本上你入园也有半天了，给你一波高潮体验一下。晚上八点半压轴再给你来一场大戏——烟火表演，我记得当时我们玩了一天，都快累死了，等待的过程中连一把可以休息的座椅都没有，但因为烟花太精彩了，我都想不起来抱怨了。你看在这两个关键的节点上迪士尼做得都很好，让我的迪士尼之旅是如此的完美。至于中间玩了什么项目，排了多久的队，我基本都忘记了，就记得一个叫“极速光轮”的项目，那是因为真的太刺激了，吓得我心脏都快出来了。总体上，这就像我上面说的那场没有足够经费的晚会，但并不影响我的总体体验。

综合上面几点可知，要打造一个好的用户体验，不一定要全程兼顾所有的点，但是一定要抓住影响用户购买决策的关键点，或者是关注导致用户流失的关键点，对其进行强化或者改进。这也就是詹·卡尔森的《关键时刻MOT》一书主要讲的内容，推荐感兴趣的读者读一下。

6. 痛点、痒点、爽点

下面简单说说用户的痛点、痒点、爽点。其实说到底还是把握用户的需求，前面讲的寻找驱动力、场景都离不开对用户需求的精准把握。

痛点的背后其实就是用户的恐惧感。当今时代变化飞速，人们怕被时代抛弃，怕在竞争中被淘汰，一些产品正是抓住了人们的这一心理而获得了市场成功。

痒点的背后其实就是用户的美好期望。为什么人们看修仙小说会痴迷，就是因为在看的过程中把自己代入进去了，好像自己是主角。

而爽点的背后其实就是用户对及时享受的渴望。例如，夏天热得要死，打开冰箱来一瓶冰镇雪碧，瞬间凉快了，爽啊。

往深了说，对这些点的满足其实就是对用户底层生存需求的满足。你的产品如果抓不住用户的那个点，用户就不搭理你。

最后，做产品一定不要只关注产品本身，而是要回归到人性上，抓不住人性需求的创业者，也一定做不出好的产品。所以，作为创业者的你，重点是抓住用户需求和人性，至于产品方法论，那是产品经理和产品工程师的事情，别做舍本逐末的事情。

7. 破局点

一个产品确定以后，进入市场是不是一定会获得成功？答案是否定的，我们看到太多产品损兵折将，无功而返。那么，破局点在什么地方？这和抢滩登陆其实是一个道理，如果要突破防线，就一定要将兵力集中在一个点上进行攻击，而且要集中进攻防线上最薄弱的点。不要全面出击，那只会造成每一个点上的兵力投入都不足，没有办法撕出一道口子。也不要进攻兵力强大的点，那样只会变为消耗战，打到最后弹尽粮绝。

这个道理其实很简单，但是创业者往往容易在这个问题上栽跟头。例如，推出产品时不认真分析破局点在哪里，觉得自己的产品能够满足所有人的需求，于是决定将产品卖给每一个人，将每一个人定位为目标客户，以保证销售利益最大化。或者是没有找到最容易拿下的那个点，上去就开打，结果长久拿不下市场，甚至很多老江湖都容易犯这样的错误。

全棉时代的董事长李建全是一个创业“老兵”，在医疗器械领域取得了巨大的成功。2005年集团成功研发了全棉水刺无纺布技术，并获得专利，但是由于缺乏认证标准，这项新技术短时间内无法获得国内外的医疗认证，研发投资面临着打水漂的危险。

无奈之下，李建全将目标转移到了医疗以外的领域。他发现卫生用品、家庭护理用品的生产商们对这项技术和产品很感兴趣，市场上卫生巾、婴儿尿裤、湿纸巾等产品虽然都打着“棉柔”标签，但实际上多数使用的是化纤无纺布。李建全觉得高品质全棉日用品领域其实大有可为，最终，他选择创办了全棉时代。

但是这个高品质市场并不是那么容易打开。例如，全棉时代推出的一款棉柔纸巾的定价为18元，虽然绵柔纸巾相比普通纸巾有更柔软、更安全、更环保等特点，但是由于价格偏高，完全打不开市场。最后，全棉时代将这个产品定位为婴儿超柔纯棉柔巾，这样18元的棉柔纸巾才获得了用户的认可。从此，全棉时代从连续4年的亏损中逐步走了出来，逐步将产品拓展到家庭用品全领域，最终成就了一个年营收30亿元的“棉花王国”。

要找到产品的破局点，就要回归到企业的战略上，回归到用户的真正需求和痛点上，然后找到那个最痛的、防线最薄弱的、你能够集中兵力击破的点。切记不要全面出击，饭要一口一口吃，路要一步一步走，不可好大喜功，好高骛远。

我曾经在一个社交电商项目上就犯了这个错误，本来定位为以进口化妆品为主，但是在经营了一段时间后，感觉项目发展得很顺利，再加上项目的社交属性和用户的信任，就感觉自己什么需求都能满足，于是没有守住自己的初心，忍不住就拓展到电商全品类。

但是当时团队资源有限，当拓展到全品类时，一段时间后就感觉越来越累，整个项目就开始运转不动了，原来很好的用户发展势头也开始减弱。最后，大家的心力都被耗尽，项目以失败告终。如果当时在资源和时间点上判断清楚一些，将有限的资源集中在进口化妆品这个品类上，那么至少有机会打造一个区域性的社交电商品牌。

二、产品创新

产品创新是确保你找到一个独特的生态位、确保你的战略可以落地的核心。产品创新就是要找到一片蓝海市场，让企业扎根生存。

产品创新为用户提供新的价值。没有创新的产品在这个生产过剩的时代，是一种浪费和多余。没有创新的产品在这个极度竞争的时代，出生就代表死亡。

那么，创业者要通过什么方法来实现产品创新，确保找到蓝海市场，确保企业战略落地呢？我们在产品定义部分已经讲了如何通过产品定义的方式实现产品创新，接下来，我们看看还有哪些产品创新的方法论。

1. 技术创新

通过技术创新实现产品创新是常见的创新方式。拿汽车这个产品来说，过去传统汽车的核心技术都掌握在外国厂家手里，我国短时间内难以实现这种技术追赶。而电动汽车的兴起将这些技术壁垒瞬间打破，所有的竞争都回到原点。在电动汽车这个领域，中国的关键技术已经占据了领先地位，如核心的电池制造技术。在新的竞争条件下，中国的汽车企业拥有了重新进行市场和利益分配的机会。

这是技术层面的变革带来的产品创新，直接带领企业进入下一个市场，而不是在原来的存量市场上纠缠消耗。

另外，即便技术创新后的产品是在原来的存量市场上，通过技术创新也一定带来了某种效率的提升，从而提升了产品的整体竞争优势。

对于创业公司而言，通过大量技术研发来实现产品的跨时代创新显然不太现实，但是新技术应用还是可以的。比如，在这场电动汽车的变革中，国内出现了小鹏、理想、蔚来等基于新技术应用的产品创新企业。

2. 组合式创新

组合式创新源于熊彼特的创新理论，它是对现有的产品、技术、市场、资本、组织等各类要素进行一次重新组合，以形成新的优势。

美团的创始人王兴就极其推荐组合式创新，他曾形象地说："写一篇文章，没有发明一个汉字，但对汉字的重新排列组合就提出了一个全新的想法或观点。"

我们可以在产品要素层面进行组合式创新。比如，被誉为20世纪重大发明的CT扫描仪，就是将电子计算机和X射线照相装置组合到一起。又如，瑞士军刀、电动牙刷等都是不同产品要素重新组合后形成的新产品。再如，抖音号"爱唱歌的骡子"之所以几个月时间就实现了快速涨粉，就是因为将唱歌元素和滴滴司机、美女乘客这几个元素结合，带给用户一种新的体验，获得了用户的认可，而如果是单纯唱歌，那么歌唱得再好，也很难在抖音杀出一条血路。另外，战略三角章节里提到的"一条"也是采用了要素组合的创新思路，即从视频产品本身出发进行要素的拆解和重新组合，形成新的产品品类。

我们还可以从商业本身出发，对商业的全要素进行拆解和组合，我们在前面章节提到的拼多多和便利蜂就是这类创新的典型代表。这是更高形态的商业物种的创新，而不是简单的产品层面的创新。

3. 差异化创新

差异化创新就是在老产品上找到新定位，满足某类特殊人群的特殊需求。比如，运动鞋绝对是个老产品了，但是足力健针对老年人群体将这个产品进行了改良，然后推出了老人鞋产品。这其实就是一种新的营销定位，对同样的产品围绕专门的用户群体进行设计、宣传、销售。

说到这儿，我想起了罗永浩在智能手机市场和巨头们的拼杀。虽然锤子手机的功能体验很优秀，但最终还是失败了。我想，如果当初老罗对锤子手机重新进行定位，如定位为青少年手机，或者是老年人手机，或者是专门的游戏手机，进行差异化竞争，那么以他对用户需求的精准把握和优秀的产品打造能力，说不定早就拿下一块市场站稳脚跟了。

4. 移植创新

最常见的移植创新就是把一个领域已有的技术或模式，移植到另外一个没有关联的新领域，从而创造出新的产品或模式。这就像是把梨树的枝丫嫁接到苹果树上，就种出了苹果梨。

比如，过去人们听歌会携带一个装磁带的随身听，但是后来三星公司通过移植电脑领域已有的图像、文字、存储和MP3音频技术做成一个独立的小型播放器，于是有了新一代的MP3播放器。

又如，苹果公司将现成的触摸屏技术应用到手机面板上，取代了原有的功能按键，获得了巨大的成功。

再如，当下抖音的短视频模式获得了巨大的成功，这种成功要素能不能移植到其他产品上呢？我看到住小帮App就借鉴了抖音的短视频模式来展示装修案例和分享装修知识、注意事项，从而给用户带来很好的体验。懂车帝App则借鉴了抖音的视频直播销售模式，再通过抖音导流，给自己带来了大量的用户。

除了这种产品技术和模式层面的移植创新外，还有一种移植创新是模仿其他地区成熟领先的商业模式。但是需要注意水土气候的问题，就是我们前面讲的创业土壤适不适应的问题，不适应的，就要注意模式的调整。

5. 颠覆式创新

并不是说颠覆别人的创新就叫颠覆式创新。克莱顿·克里斯坦森给出了颠覆式创新的两个核心条件：一是创新是从巨头们不重视的边缘市场开始的；二是这种创新是一种全新市场的开辟，要么就是找到了新的消费者需求，要么就是满足了目前市场未能完全满足的消费需求。

例如，拼多多针对淘宝、京东不重视的低端市场，用熟人社交拼团的方式快速获取用户，从而短时间内实现用户数量突破，并很快占据了中国电商第二名的位置。

对于一个创业者而言，学习这些方法论固然重要，但是更重要的是那颗创业的初心，你究竟想做什么，想帮到哪些人，为这个社会解决什么问题，这才是最重要的。只要你不忘初心，你的任何经历都有可能启发你创新的灵感。

例如，20 世纪 40 年代，由于医疗条件差，早产儿死亡率特别高，作为医生的斯蒂芬·塔尼每天都想着怎么解决这个问题。一次他去动物园参观，无意中发现了一个用液压系统加热环境来孵化家禽的孵化器，他立即想到了恒温环境对婴儿生存同样具有重要性。于是他找到了制作孵化器的家禽饲养员奥迪尔·马丁，请他协助自己制作一个类似孵化器的婴儿恒温箱。

恒温箱早就发明了，可为什么一直没有跨界应用到育婴上，而是直到塔尼看到恒温箱后，才把这个产品改良应用到育婴上呢？因为初心，因为塔尼一直都在想怎么解决这个问题，他是真心关心这个问题，想要帮助更多的妈妈，让更多的婴儿活下来。

三、产品验证

很多创业者有了一个想法以后，瞬间小宇宙燃烧，能量爆棚，迫不及待要落实自己的想法。结果轰轰烈烈一场大干，产品是做出来了，但投入到市场后却没有了动静，就好像是一块石头投入湖水，却连一点涟漪都没有泛起。于是瞬间小宇宙坍塌，对自己满是怀疑和否定。

如何避免这种情况呢？创业者一定要有产品验证的概念。埃里克·莱斯的《精益创业》一书中提到了 MVP 的概念，其核心思想是产品团队先制作最小可行性产品给有价值的用户使用，获取用户反馈并持续迭代优化产品，不断适应市场环境。也就是用最小产品模型验证你的价值假设是否成立，用户是否需要你假设的这个产品，他们是否愿意为了这个需求买单。

最小可行性产品就是成本代价最小、最简易的产品模型，不求一次达到完美，核心在于能够快速、低成本地验证产品想法。如果验证不成功，要及时寻找问题，调整思路，通过不断地快速迭代优化，最终找到用户需求，确立自己的产品价值。

确立产品价值后，不要着急大规模进行产品的生产投入，还要进行市场试水，通过这个市场试水、用户反馈的过程，不断迭代升级产品。例如，小米在前期就是通过米粉发烧友的不断反馈迭代优化产品，最终才将产品全面推向市场。创业者要知道，闭门造车一定是造不出符合用户需求的产品的。只有通过用户的参与和反馈，才能真正了解用户需要什么，什么样的产品对用户才是有价值的。

我身边有一对夫妻，两口子都没有工作，生活其实蛮紧张的。有一次两人跑到外边看了一个“小烤鱼”的项目，看人家做得红红火火，回来就东拼西凑，投入十几万元加盟费开了个店。结果开业一年来，每天门可罗雀。两口子实在撑不下去了，就找到我，问我为什么生意做不好。

我一看，这不是典型的项目水土不服嘛。你把人家南方的项目移植到北方，却没有想过北方人对“小烤鱼”这种产品的喜爱和接受程度。就像有人把重庆很火的小面移植到山西，结果山西人根本就不喜欢，接受不了。

我建议他们果断换项目：“街对面就是一个学校、一个幼儿园，多好的用户群体啊，每天有多少人从你门前经过啊。你可以开个鸡排店，加上低价位的果汁饮料项目，挣钱不敢说，至少不会像你现在这样亏钱。”

回过头来说，如果当初他们不是上来就投资加盟店，而是先搞一下产品验证，看看产品的接受程度，也不至于十几万辛苦钱就这样没了。

我也听过一个产品验证做得很棒的项目。有几个创业者想到为用户提供一个鲜榨果汁自动贩卖机，用户扫码后，机器就会自动出一杯鲜榨果汁。他们有了这个想法之后，不是马上就实施，而是先定做了一个机器的外壳，然后放在人流量大的地方，里面藏一个人，如果有人扫码付款，他们就人工加工一杯，模拟机器给用户提供鲜榨果汁。通过这个方法，他们用很低的成本验证了这个产品的价值和用户的需求，然后才开始设计和定制果汁机，投放市场运营。

产品验证其实是为了对风险进行预判和控制。对于一个创业者来说，一定要有风险预判和控制的概念，知道什么地方可能存在风险，怎么防范这些风险，不能像一个赌徒一样，两眼一抹黑扎进赌场，上来就要玩all in（押上全部筹码）。

第二节　营销三角：什么才是有效的营销

什么是营销？一般创业者都会想到打造品牌、发布广告、开展营销活动等一系列动作，要不然就是想到时下流行的什么精准营销、病毒营销、内容营销、整合营销、软文营销、公众号营销、抖音营销等。营销方法五花八门，但是这些都是营销呈现的外在形式，也就是“叶”的层面，如果在这些“叶”上找答案，其实是永远都没有希望的。一个创业者一定要有能力找到每件事物的“根”。

那么，营销的本质是什么？

我们说产品是为用户创造价值的，是解决用户需求的，是与用户发生关系的。而营销就是将产品的价值和可以为用户解决什么需求清晰地传递给用户，让用户了解产品对自己有什么独特的价值，并激发用户的购买欲望，使企业产品实现销售。

通过上面的描述可以看出，营销的核心其实就是向用户传递产品价值，并且让这种产品价值和用户的需求契合，让用户最终产生购买行为。达不到这个核心目标的营销都不是好营销。

实现这个核心目标的关键动作是：挖掘用户需求，有效与用户沟通，以及选择有效的营销力量（即选择最合适的营销传播渠道和方式）。这三者构成了营销三角，如图 9-3 所示。创业者一定要抓住这三个“根”要素，至于用什么方法论去做，就只是“术”的层面的事情了。

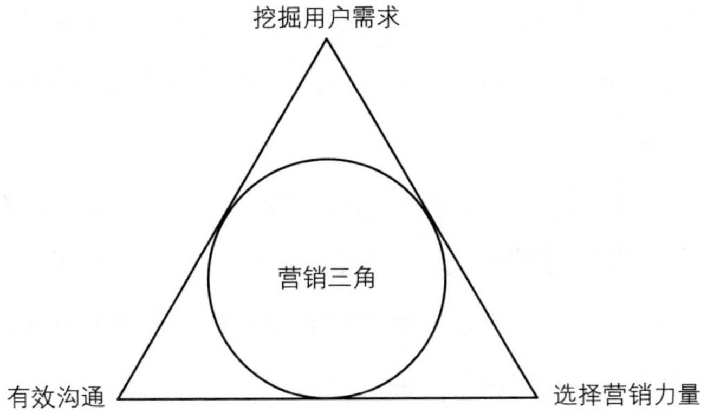

图 9-3　营销三角

另外，本章节的内容参照、整合了李靖[①]营销课程中的部分内容。在众多营销课程中，李靖的课程是为数不多的从底层系统讲述营销的好课程，读者如果感兴趣可以进一步学习他的课程。

一、挖掘用户需求

营销的核心还是要回归到用户需求上。我特别喜欢杜子建的一句话："营销最后只要落到一点：不要研究产品，不要研究消费群，不要研究消费者，只研究一个——人。研究人，研究需求，这才是营销的根。"另外再加一句，作为创业者，更不应该过度研究那些营销的"术"，研究人、研究需求才是你要抓的核心。

从商业活动整体来看，营销活动一定要和市场战略相一致，营销和产品一样是企业战略落地的有效承载形式，而企业的市场战略就是针对市场空白需求的。所以，产品、营销、销售、商业模式及组织建设等其实都是围绕一件事情展开的，那就是战略，脱离战略的组织行为都是无效的，甚至是对组织最大的伤害。因此，一定要做到战术与战略协同。

从营销本身看，在营销的三个核心要素中，挖掘用户的需求是最重要的，

① 李靖，公众号"李叫兽"作者。

准确挖掘用户需求是营销活动的根基。没有这个根基，把不准用户的需求这个脉，则营销活动再好，宣传推广再强，最终也激发不了用户内心的购买欲，产生不了购买的行为。

当今时代，新的营销形式和方法层出不穷，但不论是传统的广告营销方式，还是现在的互联网营销方式，无非是方法论变得不一样了，底层的用户需求和人性还是一样的。所以，创业者要想和用户进行有效的营销沟通，核心还是要学会挖掘用户需求和实现对人性的把握。

这里要特别说明的是，产品价值和用户需求是两回事，不要拿产品价值简单替代用户需求。那些一味讲自己的产品如何如何好的商家，就是没有用户思维，只知道站在自己的立场上想问题。营销要做的就是把产品价值和用户需求对接匹配，让它们两个发生化学反应。

比如，我写的书籍《高效商业系统》的产品价值是帮助创业者打造高效的商业系统。但是用户有这个需求吗？用户的底层需求是什么？我认为光靠我的这个产品的价值点是没有办法打动用户的，还要深挖用户真正的需求点，找到他在创业上的痛点、痒点、爽点。只有找到了用户的需求点并建立感情连接，你才能引起用户的共鸣，使用户产生购买行为，而寻找用户的需求点其实是有方法论的。

但是，单一靠方法论来寻找需求点是极不靠谱的，还是要有一定的商业直觉，能够洞察用户的真实需求。对于创业者来说，寻找需求点的方法论不过是一种查漏补缺、理论升华的工具。那么，创业者如何具备需求洞察能力呢？那就是直接进行生活体验和观察，没有生活体验和观察是无法感知用户需求的。

曾经有一个男生创业做卫生巾，他主要针对的用户需求是：卫生巾不过敏。他是如何发现这个需求的呢？因为他的女友用什么牌子的卫生巾都会过敏，只有一个牌子的不会，但是这个牌子的卫生巾很不好买。虽然他体验不到卫生巾“不过敏”这个需求，但是他通过对生活的观察发现了这个用户需求。

当然这里面也有他对女友的关爱。

又如，我之所以会写《高效商业系统》这本书，就是因为我通过自己的创业经历切身地感受到很多创业者没有建立起完整的商业知识结构和系统的商业运营模型，没有掌握一套创业的方法论，导致创业的盲目性比较大，创业失败的概率也就比较大。而市场上已有的商业知识学习课程又多是单一模块化的，不利于创业者系统化地建立自己的商业知识结构和商业运营模型。创业者如果自己去摸索建立这个结构和系统，将是十分耗费精力的。在这种情况下，创业者迫切需要一个可以帮助他们快速解决这些问题的方案，而不是在茫茫的商业知识海洋中自己找答案。创业者的这种需求其实就是用户需求里的“省麻烦”。

说完创业者对需求的洞察，我们来说一说寻找需求的方法论。其实在产品章节里我们提到的痛点、痒点、爽点，就是一种从产品的角度高度概括的需求，而且这种概括还包括了驱动用户行动的情绪。接下来我们需要从营销的角度，更进一步地对用户的需求进行拆解和分析。

（1）用户有“低价购买”的需求。产生这种需求主要是因为某种产品价格过高，阻碍了用户的购买行为。比如，iPhone 很贵，如果有低价抢买的活动，购买者就会趋之若鹜。

（2）用户有“省麻烦”的需求。产生这种需求主要是因为用户与行动目标之间有巨大的障碍，用户不愿意付出行动。比如，过去很多人感觉互联网知识零零散散，不成体系，学习起来十分困难。有人就写了《网络知识一本通》的书籍，把互联网相关知识汇总到一起，结果大卖。这就是利用了用户“省麻烦”的心理。

（3）用户有“替他做”的需求。产生这种需求是因为用户有一些自己不想做但又不得不做的事情。例如，人们希望有人替自己做家务，所以就出现了扫地机器人、自动洗碗机等产品来满足人们的需求。

（4）用户有“追求性能更好的产品”的需求。产生这种需求是因为现有的产品不能满足用户的需求。比如，智能手机的电池续航问题是用户一个很大的痛点，市场上提供了各种解决方案，什么快充技术，什么节能模式。但是用户最希望的产品一定是实现电池技术突破的产品，能够充电一次用好几天。如果哪家企业掌握了这样的技术，在手机竞争严重同质化的今天一定会受到用户的追捧。

（5）用户有“降低风险”的需求。产生这种需求是因为用户对产品质量等不了解，难以获得全面的信息，或者是购买后，在使用过程中存在一定的风险。比如，8848 钛金手机主打安全，小牛电动车主打不怕丢，都是在帮助用户降低购买产品可能面临的风险。

（6）用户有“购买更高端产品”的需求。产生这种需求是因为市场上目前只提供低端产品，用户没有选择的余地。比如，我在餐饮行业创业时，创业项目所在地的市场上普遍是 5~7 元的低端面食，当地人没办法只能选择这些低端产品。但是当我为市场提供 15 元的高端面食时，就有很多顾客选择了我。

（7）用户有“寻求新颖”的需求。产生这种需求是因为用户厌倦了现有的某种状态，想要做出改变。比如，网络上流行的来一场说走就走的旅行，学习某种技能来走出目前的困境，等等。这些都是对现状不满，想要做出改变的行为。

（8）用户有“凸显身份地位”的需求。这种需求主要表现为用户希望塑造自己的正面形象，或者是规避负面形象。比如，很多婴幼儿产品会强调好妈妈应该怎么样，而一个妈妈为了证明自己是个好妈妈，往往会按照商家说的去做。

（9）用户有“凸显个性”的需求。这种需求表现为用户渴望差异化，或者拥有某种专属产品，产生原因是市场上一直都只提供固定规格型号的产品，用户没有选择的余地。比如，为满足用户的这一需求出现了定制西服、定制衬衣、定制珠宝、定制结婚钻戒等。

最后强调一下，抓住用户需求还不够，一定要同步激发情绪，这种情绪的激发往往来自对比，比如，和现实的对比、和他人的对比、和自己的对比等。

没有对比就没有落差，没有落差就没有失望、没有期盼、没有行动。所以，只描述自己的产品如何强、如何好，只是从自身产品的角度去幻想，并没有和用户需求连接起来，让用户产生落差感、触动用户的情绪，这样产品又怎么能卖得好呢?

二、有效沟通

1. 有效沟通的基础

营销的本质是和用户沟通，影响用户的购买选择。从沟通的层面说，有效的沟通一定是基于信任。只有信任才能让交易顺利实施，降低企业的交易成本。从人性的层面说，信任就是相信对方不会伤害自己，或者愿意冒被对方伤害的风险，否则信任不成立。

用户对企业缺乏信任的底层原因是信息不对称，如果用户对你的企业和产品不了解，自然也就无法产生信任。一般建立信任的方法有以下几种：

（1）输出展现自己实力的信息。比如，有一名来自教育机构的老师，大家都不认识，那如何让大家相信他的教学能力呢？可以告诉大家他毕业于名校，或者有多年在重点学校任教的经验，培养了多少个考入清华、北大的学生，班级的一本达线率是多少，以及曾获得什么奖励、证书等，通过这些真实信息来展现他的实力。顺便说一句，千万别搞信息造假，那是欺骗。即使你很难挖掘这些信息，也不能动造假的念头。

（2）通过第三方进行推荐。就拿我自己来说，名不见经传，突然写了一本书——《高效商业系统》，凭什么获得大家的认可呢？这时候如果有几个大咖能够推荐我的书，那大家对大咖的信任就会转移到我身上。大家都知道，信任是一种稀缺资源，大咖如果不是觉得我的书有价值，是不会推荐的，钱对他们来说已经不重要，更重要的是自己的名声，而这种名声也是人们信任他的关键。

（3）发送高能量的传播信号。还是以一名老师为例，他一辈子可能在很多地方做了很多次讲座，但是让他一夜成名的就是上了一次《百家讲坛》。这不仅是传播面的问题，更重要的是信号发送能量的问题。地方台播十次的能量也只是地方台的能量，无法累计叠加，但是在中央台播放一次，你就拥有了中央台的能量。产品品牌的打造也是一样，做多少低能量的宣传也始终是低能量的，只有发送高能量的信号才能让大家更加认可你、信任你。比如，小罐茶如果不是在机场、航空杂志这些高能量的地方发信号，而是通过地方台等渠道发信号，能够打造成现在的品牌吗?

王家大院的宣传推广就是一个经典的发送高能量信号的案例。当时王家大院为了提高知名度，将北京火车站和地铁站的通道广告位大量买下来，而且广告不是出现一幅，是同样的广告在一个火车站一出现就是一连片，持续时间也非常长。火车站的广告位很贵，但王家大院的广告一做就是那么多、那么久，这个信号可谓又强又持久，产生的能量非常高。很快，王家大院就在消费者心目中树立了“王家归来不看院”的大院第一的形象。

（4）加大自我惩罚力度。这有点像人和人之间为获取对方的信任而发誓赌咒，比如“骗你我是小狗”之类的。应用在产品品牌打造上，就是“假一赔十”“双倍退款”“责任全担”等。

（5）主动、额外地承担责任和义务，降低消费者遭受损失的可能性。比如，主动提出延长“三包”服务的时间；又如，菜不好吃，顾客提出后可以免单。

（6）采用“自残”的方式。古时候，人们结拜时要喝血酒，需要用刀子割自己的血出来。这是一件非常痛苦的事情，一般人是没有勇气这么做的，古人就是用这种让自己承受巨大疼痛的方式来证明自己的诚心诚意。现实商业中，还有人在用这种“自残”的方式获取用户信任。比如，卖环保涂料的为了证明涂料环保，当众喝掉一桶涂料，这可不是什么简单的事件营销，他们是用“自残”的方式告诉用户，这样做对我自己的身体都没有害处，你完全可以放心。当然，涂料不具备食用属性，能喝也不代表环保，这种做法应该禁止。

（7）让用户对产品建立一种熟悉感。产品力求新颖没有错，但是一定要建立在熟悉的基础上。为什么要有熟悉感？因为熟悉的东西人们很容易接受，而对于过分新奇的东西，人们往往会担心存在风险。比如，你见到小兔子很可爱会去抚摸一下，可是如果你突然见到一个之前没有见过的动物，长得又很奇怪，请问你想去抚摸一下吗，或者你敢抚摸吗？简单来说，熟悉感就等于安全感，安全感带来信任感。

因此，你的产品不能过于特立独行，全是新要素，一定要有熟悉的要素作为基础，在这个基础上再做出创新。

（8）履行承诺是最好的获得用户信任的方法。不管用什么方法，一定要履行自己的承诺，将产品、服务做好。在与用户交易的过程中让用户感受到货真价实，是获取用户信任的根本。否则，即使你说得天花乱坠，套路玩得再好，最终也没有办法获得用户的信任。

你不履行自己的承诺、承担自己的责任就是欺骗消费者，别指望消费者会买单。过去由于信息不对称，存在一些一次性博弈的消费环境。但现在信息变得越来越透明，不论你是做重复博弈的生意，还是做一次性博弈的生意，你都要将信誉放在第一位，履行自己的承诺，只有这样才能赢得用户的信任和尊重。

2. 有效沟通的层次

上面讲了有效沟通的基础是信任，以及建立信任的一些方法，但是仅仅掌握这些还不够，我们还需要进一步了解如何与用户沟通产品信息，有效打动用户采取购买行动的“黑匣子”里到底是什么。

这里，我们引用李靖的“梯子理论”来让大家深入理解。

前面讲用户对产品的需求有三个层面：质量、功能、精神。这里的质量、功能可以看作是产品的属性，精神可以看作是产品体现的价值观。我们在现实商业中可以看到围绕产品属性层面做营销的，也可以看到围绕价值观层面做营销的。那么，这里就有两个问题值得创业者去思考：一是我们什么时候在产品属性层面做营销，什么时候在价值观层面做营销？二是如何从产品属性层面的营销走向价值观层面的营销？

李靖的“梯子理论”完美地给出了答案。“梯子理论”提出，营销文案其实有四个层次，分别如下。

属性：产品有什么属性和功能。

利益：这个功能能够给用户带来什么利益。

心理利益：这个利益会帮助用户实现什么样的目标。

价值观：用户为什么会在乎这个目标。

我们通过上面的四个层次可以看到，从产品属性到价值观，中间又增加了利益和心理利益两个层次，其中，属性和利益两个层次是偏产品层面的表述，心理利益和价值观两个层次是偏用户层面的表述。这四个层次串联起来完整地描述了产品和用户是如何实现营销匹配的，最终将商家关心的产品特征和用户在乎的东西连在一起。

为了让大家对“梯子理论”有一个直观的理解，下面分享一个我按照“梯子理论”为某火锅店做的营销文案。

某某老火锅原来的广告语是：“某某老火锅，花一样的钱，吃不一样的火锅”。

我认为这个广告真是糟糕透了，因为这个广告基本等于什么信息都没有传递，它给用户的感觉就是和别处花的钱差不多，但是去他们家能够吃到味道不一样的火锅。但是怎么不一样，火锅是什么样的味道，用户完全感受不到，目标用户看过这个广告后根本没有强烈的欲望去吃他们家的火锅。可悲的是，就是这样的广告，老板竟然花了重金在全市范围内进行投放，这不是浪费宝贵的“弹药”吗？

针对这种情况，我先从战略层面明确这家火锅店的空白需求机会有哪些，最终将重心放在用户对产品性能的需求上。而在麻辣够味道、食材更正宗、食材更新鲜这三个产品性能上，我选定了食材更新鲜这个点。因为其他的点，市场上有很多商家都在主打。基于食材新鲜这一点，运用“梯子理论”的具体分析过程如图 9-4 所示。

属性	新鲜的食材	
利益	安全健康	更好吃
心理利益	确保身体健康	满足口腹之欲
价值观	健康饮食最重要	吃就要吃好的

图 9-4　某某老火锅“梯子理论”营销分析

本案例中，在四个营销层面上，用户对产品属性层面没有明显的感受，不知道这个老火锅到底怎么个新鲜法，如果集中解决了用户对“食材新鲜”的认知问题，其他利益和价值观层面的问题，用户自己就可以解决。所以，重点应该在属性层面进行文案创作。

另外，从“安全健康”和“更好吃”这两个利益点来看，我认为应该以“更好吃”为主，因为吃的核心是好吃，而且如果能够证明食材新鲜，安全健康自然也就证明了，不需要专门去论述。

最后结合“梯子理论”，我重新给出了营销文案：

很多人关注火锅底料是不是有味，但火锅真正好吃的秘密在新鲜的食材！（指出食材新鲜的价值，并与用户过去的选择形成对比，引起用户关注）

花同样的钱吃火锅，为什么不吃食材新鲜、更美味的？（利用用户的择优心理，指出用户过去行为的不合理，帮助用户重新做出选择）

某某老火锅自建蔬菜大棚、养殖基地，食材全部当天采摘、当天屠宰，确保食材新鲜、更美味。（为新鲜食材提供信任支撑点）

吃食材新鲜的火锅，就到某某老火锅。（宣传 SLOGAN，给出行动指令）

从上面的营销案例分析中我们可以看出，用“梯子理论”做营销沟通，并不是一定要四个层面面面俱到，而是要针对不同的产品特性和用户对产品的感知进行不同层面的分析。

总体来说，如果你的产品缺乏信任，就要围绕产品属性、利益来进行沟通；如果你的产品缺乏购买动机，就要围绕用户心理利益和价值观来进行沟通。

对于初创企业的产品，人们往往不太了解，这时就要围绕产品属性和利益进行沟通，争取用户的信任；而对于成熟企业的产品，由于用户了解较多，并不缺乏信任，因此需要围绕价值观层面进行沟通。这也就是创业企业不能一上来就学知名企业“打情感牌”的原因。

3. 有效沟通的文案

营销沟通的层次确定后，接下来就进入了文案输出环节。我们说营销是向用户传递产品价值，并且让这种产品价值和用户的需求契合，从而激发购买的行为。但是现实中企业往往只是站在自己的立场上不断输出产品价值，强调自己的产品如何如何好，并没有关注到这能不能激起用户的购买欲望。

这就相当于一个在台上自说自话的人，根本不在意台下的人是否在听，是否能得听进去。要知道，你说是要其他人能够听得进去，别人听进去了，而且动心了，有行动了，你说的话才有价值。

能够引起用户的关心和行动的关键是我们前面一直强调的“对比”，这种对比就是要凸显一种不合理。只有让用户意识到现状的不合理，感觉到超级不舒服、痛点很明显，才有可能激发他们改变自己的行为。

我看到某牌子的足浴盆在网络上征集广告语，最后评审胜出的广告语是：小足浴，大健康。该广告语简洁明了，高度概括了产品的健康养生理念和产品的特点。换句话说就是，虽然我的足浴盆小（小是产品特点），但是能给你带来大大的健康（健康是产品理念）。但是请问，如果看到这个广告语，你会心动吗？

这其实就是商家在营销上普遍存在的情况。虽然有营销的意识，但是没有关于营销的认知，所有的营销活动都是在自己的想象里“自嗨”。

出现这种“自嗨”现象的原因是，商家往往认为消费者都需要他们的产品，他只需要努力把产品卖点和用户说明白就可以了。当然，如果你是在淘宝做销售，这个思路没什么问题，因为人们在淘宝购物多数还是属于主动搜索式的，购买动机很明确，你不需要通过刺激用户的痛点，让用户产生不合理的感觉，进而产生购买动机。

但是，当我们面对大多数没有购买动机的用户时，第一步一定是通过对比让用户意识到不合理，从而激发用户的购买动机。有了购买动机，用户才会对你的产品感兴趣，之后才会想进一步了解你的产品卖点，从而有可能做出购买决策。

比如，我家里本来是有足浴盆的，但是当我看到一个介绍足浴盆的视频后，马上就产生了换足浴盆的想法。这是为什么？因为它告诉我现状的不合理，让我十分担心自己和家人的安全。

先是它的标题吸引了我：足浴盆“用生命在泡脚”？我看完一身冷汗！这个标题和人们的认知产生反差，足够引起人们的好奇心和关注了解的欲望。之后视频的内容是对比了两种不同原理的足浴盆，其中一种是加热盘和水直接接触，而这种接触式的足浴盆已经引发多起触电死亡事故，并且通过实验让我看到了这种可能性的存在。想到自己家里的足浴盆就是这种类型的，自然就有了换足浴盆的想法，而且还很强烈。

通过上面的例子我们可以总结出，一个好的文案应该至少是由两个部分组成的。第一部分是指出用户使用之前的产品存在的不合理，要能和新产品带来的体验形成明显的对比，让用户对过去的产品产生厌恶和恐惧，这就是抓住用户的痛点。第二部分是说明自己产品的利益点能够和用户的需求匹配。

下面我们看一个优秀的文案：

只睡 10 小时，为什么要花整天的钱？（指出不合理）

订房宝，每夜低价订高端酒店。（说明产品特点和能够满足用户的需求）

这样的文案看似简单，但实际操作起来还是十分困难的。原因是人本能地倾向于从自我出发，更多地关注自己，而不是从他人出发，关注他人。但是商业的整个过程就是通过内部的反本能来达到对外部的顺应人性，对员工的管理是这样，对用户的营销也是这样。我们必须有能力站在消费者的角度思考问题，避免主观封闭，进入“自嗨”状态。

要想站在消费者的角度思考问题，写出有效的文案，就要掌握消费者的本能心理。这种本能心理源于人类的遗传基因，人类绝大多数时候其实都是受这些基因遗传模型控制的。

了解了人类的基因遗传模型，也就为我们的文案写作提供了理论支持。

（1）补偿自己：典型的就是感觉自己的付出和回报不成正比，需要通过一种形式来补偿自己。

某高端自助餐厅在广告中就利用了这种心理来吸引用户，其文案内容大致是：辛苦工作一周，周末吃顿好的犒劳自己。

（2）补偿别人：这种心理就是人们觉得别人为自己付出很多，甚至牺牲了自己，而自己为他们付出的很少，感觉很愧疚，于是就想找一种方法去补偿他人，从而让自己安心。

比如，我长期在外工作，陪伴孩子的时间很少，自己总是有一种亏欠感，所以每次回家都要给孩子买点东西，以弥补自己的这种亏欠。

在营销上，调动人们的这种心理更容易促成交易。比如，很多人不舍得给自己花钱买东西，但是一旦转化成为家人购买就变得很大方。

利用这种心理的广告文案太多了，比如金茅台的广告：

我哪懂什么生意，全靠你的有情有义。

朋友来，喝好酒；贵人来，金茅台。

这个文案就是突出贵人对你的无私帮助，从而唤起你的补偿心理。

（3）择优心理：如果有两个选择摆在用户面前，其花费的成本、时间等相同，其中一个选择明显看起来更合理，那么用户就会选择这一个。

乔布斯利用择优心理，一句话就说服了当时百事公司的总裁约翰·斯卡利加入默默无闻的苹果。这句话是："你是想卖一辈子糖水，还是想跟我一起去改变世界？"

对约翰·斯卡利而言，卖糖水平淡无奇，而改变世界这个选项则让他充满了期待，既然两个选项的成本都是一生，为什么不选择一个更有吸引力的事情去做呢？

（4）优越心理：如果一个产品能够让人们获得优越感，让人们感觉自己比别人优秀，人们就会倾向于选择这个产品。

比如，混沌大学之前有一句宣传语就利用了这一心理：高手都是混大的。这让混沌大学的学生感觉自己有着明显的优越感，一说到混沌大学就非常自豪。

（5）不甘落后心理：人都不想落后于别人，尤其是身边的人。比如，身边的朋友都换了更高级的新车，你明明没有换车的需求，但就是感觉不舒服，也想换车。这种心理就是典型的我不能比别人差。

很多广告都利用了人们的这一心理。例如，我曾经看到一个考研的广告，文案大意是：身边的同事又提拔了，工作能力和业绩明明是你更优秀，你只是缺个研究生学历而已，别让一个学历阻挡你进步的道路。

（6）完形心理：如果一个人觉得自己已经花了很多精力、很多时间去实现某个目标，但就差那么一点点没做到，他就很容易为"差的这一点"采取行动。这就是我们俗话说的：九十九拜都拜了，还差一哆嗦？

（7）经验习得：如果一个人觉得自己已经在同样的事情上失败过一次，就会因为不想失败第二次而采取行动，没有人会喜欢在同一个地方摔倒两次。

比如，某微商总代的广告语是：错过十年前的淘宝，你还要错过今天的微商？

（8）理想身份：人们一般都想成为某种人，拥有某种身份，如果你的产品能够让用户做到这一点，那么他就愿意选择你。

比如，很多卖婴幼儿产品的商家总会打着好妈妈或者好爸爸的旗号，告诉你好妈妈或者好爸爸应该怎么样。

（9）回避身份：这个心理和拥有理想身份的心理正好相反，即人们不愿意成为什么样的人，如果你的产品能够使用户避免成为那样的人，他就会选择你的产品。

比如，《经济学人》杂志的广告文案是：我从来不看《经济学人》——管培生，42 岁。

言外之意就是，如果不想成为一个 42 岁还做低职位工作的人，就看《经济学人》吧。

（10）一致性心理：当我们觉得自己的某些认知或行为与自我身份和形象相冲突时，我们就会想要改变认知或行为，使其保持一致。

比如，有一个保温瓶的广告，背景是装修得十分漂亮的家，单独凸显出一个老旧的保温瓶，与背景一点也不协调。广告语很简单：你该换一只保温瓶了，它和你的家一点也不搭调。

（11）两难心理：人们经常不得不在两个都想达成的目标中做出选择，如果你的方案能够让用户鱼和熊掌兼得，让他们不必再做两难选择，他们就很容易采取行动。

比如，某家旅游公司的广告是：想要拥有高质量的旅行体验，资金预算又有限，来我们公司，我们帮你花更少的钱，拥有更好的旅行体验。

人的心理模型还有很多，如从众心理、恐惧心理、猎奇心理、被理解的心理等。但是总体上所有的心理模型都是基于人性的，我们在创作营销文案时，一定要抓住用户的需求，做到顺应人性。

三、选择营销力量

掌握了战略层面的用户需求、营销沟通层面的“梯子理论”和抓住用户痛点的消费心理模型，是不是就能有效开展企业营销活动了呢？显然还不够。

面对众多营销形式，企业应该重点选择哪一种呢？消费者又到底是受哪一种营销力量的左右而做出购买决策的呢？

我们需要一个框架来帮助我们进行营销思考，解决这些重大的困惑。这个框架就是 POM 营销模型，如图 9-5 所示。

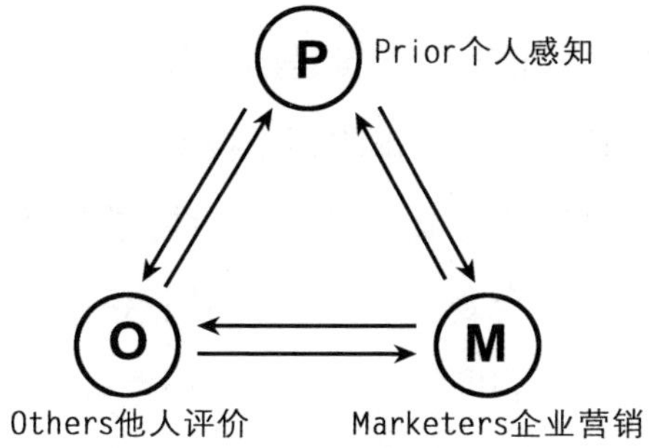

图 9-5　POM 营销模型

POM 营销模型是说，消费者的购买决策主要受 P（个人感知）、O（他人评价）、M（企业营销）三方面的力量影响。对于不同的产品而言，影响的主要力量也不同。在选择营销力量时，创业者一定要考虑产品的特点。

1. 个人感知

对于有些产品，消费者的购买决策受个人感知影响较大。这类产品的决策重要性很低，用户有明显的感官偏好，别人的经验不可靠。所以，购买这类产品时主要是听自己的，不能听别人的。

比如超市里的饮料产品，购买一罐饮料的决策成本很低，重要性很低，无非就是几块钱的事情，决策失败也无所谓；饮料好不好喝，这和个人的喜好有很大关系，别人的经验和感觉往往不重要，不太需要参考别人的意见；一旦尝试，自己觉得喜欢，就会倾向于选择这类产品。

如果你的产品正好属于这一类型，那么应该如何开展营销活动呢？

一是4P驱动。营销活动要围绕4P展开，分别是：Product（产品），增强产品势能，通过更好的口感、更酷的包装等提升用户的感知；Place（渠道），渠道触达是建立产品感觉的基础；Price（价格），用价格区隔消费人群；Promotion（宣传、促销），通过营销活动增加与消费者接触的机会，与消费者建立关系。

二是改变归类。即改变产品所属的类别。比如，曾有人做出一个苦荞醋产品，虽然其产品概念和质量确实很好，但是在醋这个个人感知影响较大的品类里要想取得一席之地其实很难，关键是消费者的行为习惯很难改变。我当时建议他将这个产品的销售渠道从超市改为土特产礼品店，也就是将产品从普通消费品变为礼品、土特产，这样就将用户的关注点转移到礼品的卖点、独特性上。人们购买礼品时一般不会太在乎口感、习惯这些，这样销售阻力可以降低好几个等级，而且价格和利润可以提高很多。小罐茶玩的也是这个套路，把茶叶这种个人感知影响较大的产品的类别变为礼品，瞬间解决问题。其实像蜂蜜这样的非标品都可以按照这个思路来营销。

三是品牌引流。就是用其他产品建立品牌，然后引流实现销售。其本质还是实现渠道销售和更多的流量接触。

2. 他人评价

对于有些产品，消费者的购买决策受他人评价影响较大。这类产品的决策重要性高，不同的人偏好差异小，产品专业性很强，产品价值很难直接感受到。所以，消费者购买这类产品时主要是听别人的。

比如，过去人们配电脑，一定是找身边的电脑高手，请他帮忙做决策，或者看电脑报的推荐之类的。

又如，我想在网上买一台足疗按摩机，但是面对众多产品迟迟拿不定主意，因为这种产品的价值很难直观感受到，于是我通过各种渠道看评价，就是想看看大家的使用感受，而厂家自己的广告宣传基本对我的购买决策不起作用。

再如，我们上面提到的某某老火锅，本应该选择他人评价这一营销力量，将营销的重点放在美团、大众点评这些地方，而不是大面积做广告，但老板偏偏选择了费钱、效果却不明显的广告宣传形式。

那么，对于受他人评价影响较大的产品，应该如何开展营销活动呢？

一是让消费者进行自传播。这里的核心是强化自己的产品特色，给用户带来惊喜或者是优越的感觉。例如，三只松鼠、阿芙精油就是通过超乎想象的包装和赠品体验，让用户感觉超值、超惊喜，从而实现用户的自传播。

二是进行有效的第三方推荐，如大V推荐、测评推荐、专业推荐、开箱等。比如，我之前想买一个防颤抖手持云台，这个产品有很多品牌，价格从二百多元到一千多元不等，到底哪个好用呢？我最后通过知乎上的一篇专业文章做出了选择，文章主要内容就是对比十大值得购买的手持云台。其实你想想，这类文章多数是商家幕后撰写的，很少有什么知识达人会专门研究这个东西。

三是降低产品决策门槛，本质就是降低用户的购买风险。例如，现在销售互联网课程时会设置很多引流课，什么9元钱10节课，还送大礼包什么的。对用户来说，9元钱就是个试错成本，好了报名，不好了9元钱也没什么大损失。但是如果让用户直接买上千元的课程，他其实是很难下定决心的，除非他听身边的同事、朋友介绍说这个课程特别好。

3. 企业营销

对于有些产品，消费者的购买决策受企业营销影响较大。用户对这类产品的偏好不明确，第三方意见的参考价值也比较小，决策不重要，可能存在质量以外的购买动机。这时候，用户就容易听广告的、品牌的。

比如方便面这类产品，没出番茄鸡蛋面这个产品的时候，你也不知道喜欢不喜欢，上市了几元钱一袋，决策没什么风险，看到广告宣传，试一试，尝一尝，也不用问其他人好吃不好吃，问也没什么参考价值。

企业营销的核心动作就是打造品牌和广告。对于多数创业者来说，这是一种无法承受之重。好在现在超级信息节点被肢解了，品牌和广告的作用开始变得越来越小，这给创业者们提供了突围的机会。

但是我们也一定不要忽视品牌的作用，尤其是当你的产品属于受企业营销影响比较大的品类时。

那么，创业者该如何开展企业营销活动呢？

第一，建立品牌。

很多创业者对建立品牌这件事情有莫名的恐惧感，觉得这是大企业、大品牌才做的事情，小企业哪敢奢求谈品牌。其实，品牌建设作为企业营销的核心动作之一，对于大企业和小企业一样重要。只不过大企业财力雄厚，可以在建立品牌这件事情上投入更多。而小企业也要找到适合自己的建立品牌的方式，在资金有限的情况下想办法满足自己的品牌建设需求。

当然，有时候这是一个两难的选择。罗永浩曾经说过："我也想在营销上多投入一点。但是一个创业企业，钱花在这里，那里就少了。"这充分反映出创业企业资源有限的窘境。但是一个创始人就是要在条件不充分的情况下，把不可能变成可能。要么你有本事融到资，这是你作为创始人的义务；要么你就有本事将一分钱掰成两半花，钱少还能花出钱多的效果，不能打折扣。

总之，不能做简单的选择题，将钱都投入产品研发，先搞产品，想着等产品成熟了，再说营销宣传的事情，这样只能是死路一条。

品牌建设就好像是一个人一出生就要有一个名字，然后一辈子一直在建立和维护自己的好名声。做品牌其实和做人是一样的，怎么做人就怎么做品牌。

另外，当前互联网环境下的品牌建设玩法给创业者带来了更多可操作的空间和机会，我们在后面会展开讨论这个问题。

第二，做好品牌定位。

什么是品牌定位？当你听到"百度"这个词时，你会想到什么？肯定是

“搜索”；当你听到“360”这个词时，你会想到什么？肯定是“网络安全”；当你听到“格力”这个词时，你会想到什么？肯定是“空调”。

这些就是品牌定位，首先是一个品牌名字，然后是这个名字代表的品类。

所以品牌定位其实就是做好两件事情：一是选好品牌名字；二是将这个品牌名字和产品品类建立联系，让人们一听到你的品牌名字就马上联想到你的产品品类，反之亦然。

那么，如何起一个好名字呢？

一个好名字要有一种熟悉感。这样对于受众来说，记忆成本就非常低，企业的宣传成本也相应可以降低。比如瓜子二手车，“瓜子”这个名字对于受众来说太熟悉了，记忆成本很低。因此，当大家想到二手车的时候，第一时间想到的大多是“瓜子”。其实在二手车这个行业里，平台公司有很多，如优信。“优信”这个名字虽然也不错，可是一个自创的组合词相对于“瓜子”这个自然词，就有点让人记忆困难，大概率是用户想半天都想不起来。这样优信就吃亏了，这一吃亏，不光吃亏在名字上，更吃亏在市场份额上。

一个好名字还可以是熟悉加上出乎意料。经典的案例就是“天猫”。猫大家都熟悉，可是天猫是个什么猫啊，这就是出乎意料。又如，“飞猪”这个名字也不错，同样是熟悉加出乎意料。

一个好名字最好能有一个好的用户联想，至少不能有负面的联想。比如，“百度”很容易让人想到那句“众里寻他千百度，蓦然回首，那人却在灯火阑珊处”。流传这么广泛的诗句，再加上这么美好的意境，完美地和“百度”的搜索功能相结合，真是绝妙。又如，“脑白金”一听就是和大脑有关的，而且结合“白金”这个概念，就让人感觉是对大脑有好处的东西。再如，“锤子”这个名字还是挺好的，因为真的很简单，容易记忆，符合一个好名字的标准，但是这个名字容易在联想上出问题。网上流传这样一个段子，说朋友聚会的时候，你的锤子手机可以拿出来砸核桃，就好像锤子手机的核心卖点是和锤子一样坚固耐用。虽然这个卖点是挺好的，但是不够吸引人。所以，这个品牌名字带给人的联想就不是很好。

一个好名字，要么尽量简单，要么就用叠字重复。简单这一点就不说了，“瓜子”啊，“小米”啊，都很简单。但是这样简单的品牌名字现在越来越难找了，什么企鹅、公牛、猎豹、大树、小草、百合、苹果、芒果、悟空、八戒、乔丹、花木兰等动物、植物、人物名字，能注册的都基本被注册完了。所以，现在起个简单的名字其实是越来越不容易。幸好，除了用简单的、常见的词语命名外，还可以用叠字的方法命名。比如，“娃哈哈”“哎呀呀”“房多多”“企查查”“淘票票”“拼多多”等。还有两个字叠字的。比如，陌生人交友软件起名叫“陌陌”，让人们通过人脉找工作的软件起名叫“脉脉”，二手物品转让平台起名叫“转转”等，这些名字都朗朗上口，容易记忆。

总之，你要找一个记忆成本、传播成本都很低的词来做品牌名。

另外强调一下，别随便用那些英语音译过来的名字。例如，有个橱柜品牌叫博洛尼，还有一个橱柜品牌叫金牌。金牌是品质的象征，但博洛尼的内涵大家就不太清楚。如果非要起个外国名字，就起个大家都有感觉的。比如有个瓷砖品牌叫蒙娜丽莎，大家都知道蒙娜丽莎是美的代表，提起蒙娜丽莎就联想到美。

有了一个好名字后，记得在你的品牌名字后把产品的品类加上。比如，瓜子二手车、滴滴打车、农夫山泉、王老吉凉茶、海底捞火锅等，使得一提到你的品牌名字，用户马上可以联想到你的产品品类，或者一提到产品品类，马上就可以想到你的品牌名字。如果你的品牌宣传达到这种效果，一方面说明你的品牌知名度已经很高了，另一方面说明在这个产品品类你的品牌已经数一数二了。因为那些不是第一、第二的品牌，人们是不会记住它们的。

第三，用品牌吸引流量。

建设品牌虽然非常重要，但对于创业者而言，尽快形成产品销售闭环才是当下十分紧要的事情。一是验证商业模型是否可行。在没有加持的自然流量下，市场的自然增长程度可以有效说明产品的前景。二是尽快形成销售闭环，实现企业的自我造血。有了收入，企业才可能生存下去。有了收入，企业才可能在品牌建设上进行进一步的投资。三是当前的互联网环境下，营销和销售越来越呈现一体化趋势，营销和销售这两个过去基本分离的动作，现在开始成为一个动作了，企业在营销的同时就完成了销售引流的动作。所以现在来看，一个没有转化变现的营销不是一个好营销，过去这是无法想象的。

但是，回过头来说，创业者还是要高度重视品牌建设。通过互联网营销实现流量变现，这是企业主动寻找客户，这个动作是需要企业不断投入的，一旦营销停止，流量变现也就停止了，而且现在流量获取的难度也越来越高了。

但是，品牌建设不一样，品牌建设就是把用户圈到自己的市场里来，占据用户的心智，最终形成自己的流量池塘。当用户想要买这种产品的时候，马上就能够想到我们，一定跑不了。这样流量就源源不断地来了，就好像是兴修自己的水利，前期是在投入，好像没有什么收益，但是一旦修成，水利的作用就可以发挥了，蓄水灌溉完全取决于自己。

拿海底捞来说，其品牌就是流量吸引器，保证其每天流量爆满，甚至每天都溢出来。而那些生意不好的餐馆，要么是产品没做好，要么是品牌没做好，要么是产品和品牌都没有做好，只知道做促销，可是人们吃饭又不仅仅是为了便宜，促销也就失灵了。

现在大家都在讨论公域流量私域化，方法有很多。但是在我看来，公域流量私域化的关键就是品牌建设，做好品牌建设，自然也就吸引了流量，没有品牌这个吸引器，你是留不住用户的。

第四，基于互联网时代的特点打造品牌。

互联网时代下怎么做品牌？过去电视盛行的时代，打造一个广泛知晓的品牌还是比较容易的。但是现在信息的传播高度分散，再想打造一个广泛知晓的品牌变得不再那么容易。

就拿“得到”来说，这个品牌应该算知名度很高了吧，但是我身边不知道“得到”的大有人在。在信息传播圈子化越来越严重的今天，绝大多数信息只能在某一类圈子里流传，圈子以外的更多人并不能接收到这个信息，或者即便能够接收到，大脑也会自动过滤。

这是当今时代信息传播的特点，很多人在利用这种特点做精准的人群营销、圈子营销。但是要想打造一个品牌，还是要想办法突破这种信息封锁，做到广而告之。

还拿“得到”来说，这个品牌只在爱学习的人群里传播，看似不错，但是也给我带来了烦恼。比如，有时候身边的人看到我戴着耳机听东西，就问我在听什么，我说听“得到”，他都不知道“得到”是什么，结果回复我说：“听那有什么用！”如果他知道“得到”，他就会知道“知识就在得到”，或者会把爱学习和听“得到”画上等号，而不是简单地否定。另外，身在群体中的我是需要被认可的，但身边的人对我所做的事情没有共同认知，又谈何认可呢？

所以，在当前互联网信息传播严重圈层化的环境下，要打造一个品牌，不仅需要利用信息在圈层里的快速传递来获取用户，更需要想办法突破圈层对信息的封锁。

这方面做得比较好的是小罐茶。小罐茶先是在一些高端媒体上发布广告，如航空杂志、机场广告牌等。在高能量的媒体上宣传一段时间后，小罐茶开始进行全面的线下推广，投放了地铁广告、公交车身广告、站牌广告等，几乎实现了地面全覆盖，从而让小罐茶品牌很快深入人心。

对于礼品类产品，品牌的知名度非常重要。送礼的人因为知道收礼的人也知道小罐茶，觉得送礼送得很有面子，也让收礼的人知道自己是很重视对方的。如果是一个不知名的品牌，就很难起到这样的效果，这又很好地说明品牌是人与人之间关系的连接器。它不仅仅代表一个产品，还代表一种精神和情感。你自己使用，它可以代表你这个人，是你向外传递的一种精神符号；你拿去送人，它还可以代表你对别人的心意，是你向对方传递的一种情感信号。

我们再回头接着说在互联网上如何做品牌。

在互联网上做品牌，不能简单地做广告。在互联网上做广告，其实是把过去电视媒体的广告换了个渠道投放而已。要知道，互联网这个渠道和电视媒体是截然不同的。过去的电视媒体广告，我们几乎没得选择，只能被动接受。但是现在的互联网广告屏幕那么小，就算你强行让我看几秒，在我心不在焉的情况下，你其实很难把信息强塞给我，更何况多数情况下，我都是可以选择跳过不看的。在互联网上投放广告的做法就是典型的不在意条件变化，是经验思维、惯性思维在作怪。

在互联网上要想吸引人，核心是做内容，给用户提供有价值的东西。要么就是围绕用户的某个需求提供解决问题的答案，做内容营销，以此吸引用户的关注；要么就是通过百度知道、知乎、抖音、微信公众号等平台自己生产用户感兴趣的内容，让用户主动寻找阅读；要么就是在各类平台进行口碑营销，而且这种口碑营销也是内容营销的一种形式。但是这些做法还是偏传统，还是脱离不了商家向用户传播的思路，无非是换了个渠道而已。

在互联网时代，创业者要学会通过各种途径做自己的内容，让用户主动帮助我们宣传。相对于广告宣传，这类内容营销的成本更低，和用户连接的程度也更深。从口碑传播的角度说，做内容就是做口碑传播。比如，喜茶把自己的产品及产品包装都做得很亮丽（这就是产品即内容，颜值即正义），很多女孩子就很喜欢抱着喜茶的杯子发自拍（这就是用户创造内容）。现在进入了一个产品即内容、产品即营销的时代，内容不仅仅来自营销创造，更来自产品本身，来自用户创造和传播。

比如，新崛起的凑凑台湾火锅就从菜品、店面、主题、服务等环节打造全新的用户就餐整体体验，从而让用户主动帮助店面进行传播，形成口碑效应。

如果有充足的资金，非要在互联网上做广告，就到流量较大的平台去做，而且要做一句话带声音的广告。比如，“累了困了，喝东鹏特饮”的广告，就一句话，很快让人记住了。相对于那些复杂的广告，这种广告花钱又少，效果又好，难道不是企业营销应该追求的吗？

互联网时代如何建立品牌？总结来说就是：通过内容营销连接圈子，快速找到并吸引核心用户，尤其是要开展低成本的能够驱动用户自传播的内容营销；发布传统地面广告时要打破圈子，一方面吸引更多人加入圈子，另一方面让更多人知道，从而为圈子里的人制造特殊感和价值优越感。

虽然由于营销渠道圈层化，传播半径被严重限制，品牌的建立变得不那么容易，品牌的作用也不像过去那么大，但是这并不代表品牌不能发挥应有的作用。如果你只是在圈层化的营销半径里进行传播，品牌当然只能在这个半径里起作用。但是如果你有能力突破圈层，做到广而告之，品牌就会发挥过去那样巨大的作用。

最后，企业在产品营销过程中很多时候不是选择P（个人感知）、O（他人评价）、M（企业营销）这三种营销力量中的某一种，而是综合各种营销力量一起发力。当然，产品的特征不同，重点发力的营销力量也会有所不同。

另外，选择营销力量时要结合自己企业的实际情况，尤其是可投入资金的情况。

第三节　销售三角：企业销售到底怎么干

实现销售是所有商业活动追求的最终结果。如果这个结果达不成，你帮助社会解决问题的目标就实现不了，自身也无法实现持续经营。

要实现这个销售结果，不能从结果上来追求结果。很多创业者在销售出现困难的时候，不停地在销售这一端做动作，不是加大力度培训销售人员提高销售技能、技巧，就是大搞促销活动什么的。虽然有时能够起一点作用，但最终于事无补。

要实现销售结果，应该追踪过程。这就好像是孩子考试分数不好，你不能就分数说分数，你要抓的是孩子的学习习惯、学习方法、知识点掌握程度等。学习的过程才是关注重点，分数只不过是个结果，光说分数没有任何意义。

销售也是一样，它只是个结果，而促使这个结果产生的过程涉及产品的好坏、营销宣传的效果、产品的定价、销售的渠道、购买的成本等要素。这些核心要素是否做到位，才是结果能否有效生成的关键所在。

影响销售的核心要素是产品定价、渠道建设、购买成本，三者构成销售三角（见图9–6）。只有这三个要素做到位了，才能确保最后的销售结果。

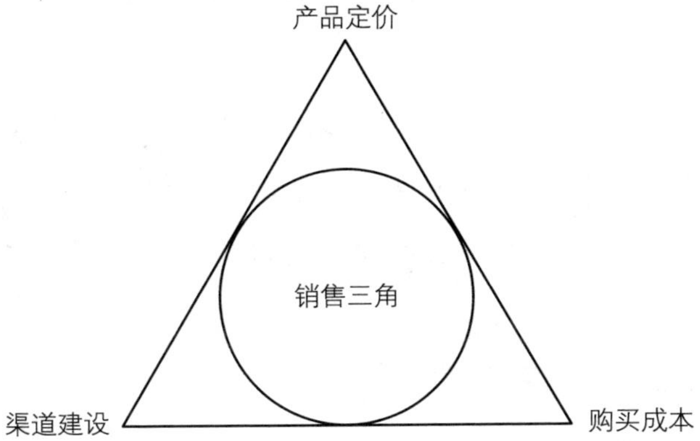

图9–6　销售三角

一、产品定价

有一句话说“定价定生死”，这说得一点也不过分，因为定价在很大程度上就是战略的集中体现。价格一确定，你就确定了所要服务的客户是哪些人，对应的细分市场也就确定了；价格一确定，你就给自己的产品明确了竞争生态位，知道和谁竞争，不和谁竞争，和什么规模的对手竞争，面对他们你有没有竞争力；价格一确定，产品的配置属性、档次、形式、销售渠道等就全部确定了；价格一确定，产品的收益就基本明确了，供应商、经销商等各个利益主体的利益分配也就都明确了。

如果没有一个好的定价，企业就构建不了自己的盈利闭环，整个商业模式就无法形成，企业经营目标也就无法实现。

1. 确定产品价值

要想确定产品价格，关键是确定产品价值。但是产品价值的核心并不在于产品本身，而在于顾客对产品的价值感受，其中包括顾客对产品质量和功能的价值感受，以及产品可以带给顾客的社交和精神层面的感受。

明白了这一点，我们就能理解为什么成本几百元的LV包包，可以定价定到几万元，甚至十几万元，因为这个包包蕴藏着巨大的社交能量。人们愿意为了凸显自己的身份地位，显示自己的与众不同，而支付比产品本身价值高得多的价格。

支撑价格的核心是产品功能价值和用户感受价值。因此，价格的内在决定因素就是产品价值。如果价格与你塑造的价值不相符，客户必然不会买单。你不用怕价格太高产品卖不动，怕的是你没有足够的产品价值给到用户。

2. 影响产品价值的因素

产品价值的影响因素有哪些呢？

一是客户的购买需求，包括有购买的需求和能够买得起的能力。比如，收入低的人断然不会买上万元的LV包包，他更看重的是包包的质量和功能，甚至追求极致的性价比；而收入高的人买LV包包最看重产品的社交属性和精神感受，至于产品本身的功能价值反倒是其次了。

二是购买场景。同一个产品放在不同的地方，就有着不同的销售价格。比如，一个石头放在地摊上卖，可能几块钱都没有人要。但是换个场景，放在珠宝店里，可能标价几万块也能轻松卖出去。又如，同样是吃牛排，大排档的牛排只能卖几十元一份，但是换到高端西餐厅就变成了几百元一份。在不同的场景中，人们对价值的感受是不一样的。所以，场景的选择对产品价值有着很大的影响。

三是品牌。比如，耐克、阿迪达斯的一双运动鞋可以轻松卖到上千元。但是，现在很多质量、设计都要比耐克、阿迪达斯好很多的国产运动鞋，却只能卖到几百元。这背后的核心问题是，这些国产运动鞋没有品牌积累，缺少品牌价值。没有这些附加价值，国产运动鞋即便质量、设计再好，也就只能卖个产品本身价值的钱。

说到这儿，多提一点，就是如何塑造品牌价值呢？那就是进行品牌营销。营销分为销售营销和品牌营销两个层面，销售营销主要是为了销售而进行的营销，而品牌营销就是用来塑造产品品牌价值的，这种价值主要体现为一种精神、主张等，用年轻人的话说就是一种“范儿”。这个精神、主张、独特的“范儿”，要和你的特定用户群体产生共鸣。

比如，安德玛的广告语“Protect this house”（捍卫阵地）和运动员产生了价值共鸣，很多运动员都将这句口号当作自己的座右铭。

又如，小米早期有一句广告语是“为发烧而生”。简简单单五个字凸显出小米追求极致的精神信仰，而这种追求极致的态度也赢得了很多人的认可和追捧。

3. 产品定价程序

很多创业者都是先做出产品，然后计算产品成本、运营费用等，再确定价格。但是从“价格是由客户的价值认知决定的”这个角度来看，我们完全可以把这一程序颠倒过来，先找到一个符合战略定位的价格，再依据这个价格丰富产品的价值和相应地配置企业的资源。

比如，我在餐饮行业创业的时候，通过市场调研发现，在我所在的五线小城市里，虽然面馆很多，但是大家的定价范围基本都集中在一碗面5~7元，这很明显是面向低端市场的定价。于是我决定开一家一碗面15元的面馆，面向中高端市场。那就倒推15元一碗的面应该是什么样子，我在店面环境、服务、品相上做足了功夫，总之就是让顾客感觉我的这碗面值

15元。

起初，我的合作伙伴们都觉得我疯了，他们认为，在一碗面多数卖5元钱的市场上，根本不会有人能接受这个价格。但是我告诉他们，没有卖的并不代表没有吃的。结果店铺开业后每天爆满，还有很多回头客。

说起来，当时的我并不是很懂定价，就是从战略的角度出发，觉得应该和别人做的不一样才有机会。现在回头看，正是没有采用那种先做产品再定价的思路，才让我的面馆在市场中赢得了一席之地。我的做法恰恰和菲利普·科特勒所说的“先有价格，而产品是让价格显得合理的工具”不谋而合。

那么，一碗面15元的价格是如何确定的？为什么不是25元，或者是35元？比如，在北京一碗面35元就很普遍。

当时，我真的是全凭感觉，就是觉得这个市场的高消费人群能够接受的一碗面的最高价格也就是15元，他吃一碗面的心理支付价格上限就在这儿。超过这个价，他不是吃不起，是不舍得吃，或者吃的频次会大大减少。

当然，如果这碗面改为在北京卖，我可能会定价48元，再把料给得足一些，48元也让你感觉超值。如果再卖15元，估计连成本都不够。你也别担心这个价格多数人吃不起，你只要做好高消费人群的生意就好了。当然这群人的基数要足够大，在我的老家定这个价虽然也有人吃得起，但是群体基数太小了，市场不够大，面馆将经营不下去。

顺便说一句，做生意就是稳稳地守住一群人，别贪心，多一点也别要。我的面馆后来失败，其实很大程度上就是因为犯了这个错误。由于自己太贪心，想要店面人气更高、营业额更高，竟然想了个一碗面卖6元的馊主意。结果人是多了，但是多出来的都是低消费人群，对营业额不仅没有什么大的帮助，反而严重影响了整体的出餐速度、出餐质量和服务水平，那些愿意花15元吃一碗面的人，由于得不到更好的服务，慢慢地也就不来了。

4. 全成本覆盖

你在为产品定价时一定要有全成本覆盖的概念。别忙活半天，最后发现，收益不能覆盖成本，做的是赔钱的买卖。

这里的全成本包括产品本身的直接成本、企业的运营成本、企业的利润、合作销售者的利润等。最后，所有这些成本加起来一定要小于给消费者定的产品价格，否则商业模式不成立。

如何能够尽量做到全成本覆盖呢？要先画出完整的商业模式地图，覆盖供应链、外部合作者、内部合作者、销售渠道相关利益者，然后完整描述你的全部业务动作，根据每一个业务来确定你的各项业务成本，确保没有遗漏。

这里要特别强调的一点是，合作销售者的利益一定要充分考虑到，否则你的产品定价无法支撑后期的渠道建设。不要盲目相信互联网思维中的“去中间化”，从销售渠道来看，零售业的互联网销售比例在 2020 年只占了不到 30%，线下渠道仍是主力战场。请问，没有中间商帮你铺销售渠道，你靠什么接触到线下的消费群体？就连互联网属性极强的小米，其互联网营收也只占总体营收的一成而已，主要的营收也是靠线下完成的。所以，如果这部分支出在定价时没有给予充足的考虑，在拓展渠道的时候就会捉襟见肘，无法施展。

另外，从销售渠道的功能来说，销售商不仅是一个完成销售任务的中间商，还是企业的延伸和战略合作伙伴，承担了企业人才招募、培训、市场拓展、产品库存管理和企业融资等重要功能；从企业资源的角度来说，几乎没有一家企业可以有实力完全自建渠道，而不依靠外力帮助；从消费者的角度来说，他们通过中间商更好、更便捷地获取到了产品，也获得了更好的服务和信任背书。

在实际经营的过程中，企业的经营效益和经营效率是影响整体经营收益的重要因素，创业者不得不给予充分的考虑。这个大家都懂，但还是有人会犯这种错误。例如，我的一个朋友想开一个小海鲜店，开业前，他来跟我咨询，他的想法是本地没有这个餐饮品类，他想通过薄利多销的方式把市场做起来。虽然便宜，利润低，但是吃的人多了，利润自然就有了。也就是想通过降低利润率，提升销售额，加快现金周转率，从而实现盈利。本质上，这是一个关于经营效益与效率平衡的问题，也就是牺牲效益能否换来效率的提升。面对经营效益和效率这两个指标，只有一个指标降低而另一个指标提升，或者两个指标同时提升，企业才可能盈利。多数情况下，企业是在效率和效益这两个指标中做一个选择，很难实现二者兼得的完美局面。怕就怕企业选择放弃一端，而另一端不一定能够提升，我的这位朋友其实面临的就是这种经营局面。

我当时明确告诉他，这个思路不行。因为小海鲜这个产品本地人没有消费习惯，属于一种典型的低频消费产品，低频加低利润等于死路一条。本地唯一一家成功的海鲜类餐厅是一家高端酒楼，吃一餐至少消费两三千元，属于典型的低频高利润模式。像这种小海鲜，本身价格其实并不算高，正常也就是百元左右的事情，你非要做个几十元的，把自己的利润空间都砍掉了，想用这些利润来养市场、培养消费者习惯，但恐怕没等你养好市场，你自己已经先死了。

正确的思路是高频带低频。比如，主打烧烤，人们吃烧烤是个高频行为，发现你这儿还有小海鲜，顺便来一个，这就带起来了。但是他不相信我说的，非要按照自己的思路来，我只能说，那你试试吧。当然，最后他的项目是撞南墙了。因为这个项目的商业逻辑存在问题，低毛利没有换来高周转、高营业额，结果只能是持续亏损。

5. 关于价格的其他问题

打价格战就是自杀。很多创业者没有招的时候，最喜欢用这招了，好像是最后的必杀技一样，但是有几个是通过价格胜出的呢？问题的关键还是塑造你的产品价值，解决你原来确定要解决的市场难题，不是遇到困难就躲着走。

降低价格就是投降，承认自己无法实现自己的战略目标，要换个市场去打。但是换个市场难道你就能解决那个市场的难题吗？问题不在于换个市场，而在于你具备不具备解决问题的能力，不具备就死磕修炼，既然上路了就不能轻易服输。

轻易不要玩极致性价比。极致性价比是一个不错的杀器，小米玩得就很好。但是这种极致性价比对团队整体执行力的要求也是非常强的，你的成本能不能控制住，销售量能不能做上去，这些都是问题。除非你的团队非常强，否则根本不具备玩极致性价比的条件，这样你就别说杀别人了，纯属是自杀。另外，小米玩极致性价比是按照三级火箭的玩法玩的，手机当第一级火箭用，战略目的就不是盈利，而是引流，挣钱靠后面的二级、三级火箭。为什么华为、vivo、OPPO 都不玩极致性价比呢，因为经营逻辑不一样。还有就是一般的团队也别轻易玩三级火箭，你能玩明白一级就不错了，如果一级都玩不好，玩三级那就是找死。之所以说这个，是因为我看到很多创业者喜欢在自己的创业项目上套用所谓成功的商业模式，但是根本没有意识到自己其实不具备玩转这种商业模式的条件和能力。因此，还是老老实实回归到商业的本质，实实在在地解决用户面临的问题吧。

如果价格不够高，就换个参照坐标试一试。比如，一碗牛肉面，牛肉给得再多，最多也是卖几十块钱，因为参照的坐标是面。但是如果换成一份牛肉送一份面，那就可以很容易定一个更高的价格，因为人们的参照坐标不一样了。在心理学上，这叫作锚定效应，就是先给一个参照点，之后你在判断时都会和这个参照点做对比。就好像很多卖二手房的中介带你看房时，会先带你看一套很破很贵的房子，然后再带你看价格合适、质量很好的房子，这样你就很容易和他成交。因为不管你看几套，你往往都是和看到的第一套房子做比较。定价也是一样，你锚定的那个产品的价格会影响到产品的价格。所以，别轻易卖 100 元一碗的牛肉面，而是要想办法转换一下锚定物。当然，除非你把 100 元一碗的牛肉面本身当作你店面的锚定物，它只是个锚，卖不卖不重要，因为你想卖的是30元一碗的面。

一定要认清人们看重的是什么产品价值。比如，钻石本身很便宜，但是钻石店里却卖得很贵。于是有人推出了定制钻石项目，使客户可以在定制钻石店面用更低的价格买到同样有品质保障的钻石。该项目的价值核心是保真的钻石价格更低。这其实不是什么好项目，因为原本客户买钻石的原因是更贵的价格蕴含了对另一半更多的爱。你现在定个只体现钻石本身价值的价格，男人愿意为了女人付出一切的那种表态没有了，女人会高兴吗？女人不高兴，男人买它干什么？所以，定制钻石应该是卖得更贵，而不是更便宜。定制钻石项目的产品价值塑造、资源配置都要围绕着更贵来做，核心是用定制、独一无二来和普通钻石做区隔。如果非要卖低价格的定制钻石，就要重新寻找用户的需求点，不能在结婚钻戒上做文章。比如，回归女人天生爱美丽的需求，用定制钻戒打造属于女人独特的美。这个案例又可以很好地说明产品价值一定要和用户需求相匹配。由于定制钻石项目的产品价值和用户需求没有匹配起来，最后这样的定制钻石店面基本都没有得到市场认可而被淘汰了。

最后，我想说，价格这个事情，没有贵不贵，只有值不值。再贵也有人买单，只要价值能够支撑；再便宜可能也没有人要，因为对他没有价值。主打低价，玩性价比，你就要有能力将成本控制到极致，这样才有生存的可能；主打高价，走高端，你就要有能力将产品的附加价值、品牌价值做出来，否则你就是价值缺失，高价将不成立。

二、渠道建设

渠道建设和定价一样，一定是基于战略的。也就是说，战略决定渠道。比如，你做一家餐饮店，如果是小吃类的，你可能会选择到人流量比较大的商业街去开店；如果是快餐类的，你可能会选择到写字楼扎堆的地方去开店；如果是休闲类的，你可能会选择到购物中心去开店；如果是高端的餐饮店，你可能会选择到繁华地段去开独立的大店。战略定位不一样，最终渠道选择也不一样。不管选择什么样的渠道，一定要符合战略定位。

在渠道建设上，创业公司刚起步，资源又有限，想完全依靠别人打通渠道是不现实的，因为这时候创业公司没有体现出价值，很难找到渠道合伙人。这就要创业公司先集中资源打通一个渠道，或者打通一个区域的渠道，哪怕是建成几个样板店。只有打透几个点，产生价值效应，才能让人们看到产品的前景，才有人敢跟进。

最怕创业者一味迷信那些成功企业家讲的什么全渠道建设。人家有资源可以搞全渠道，可是创业者资源有限，还是安心建设好一个渠道，甚至专心打透一个点是正事，建设全渠道的事情等企业成长了再说。

说到渠道建设，就不得不说说销售运营模式。创业者如何选择适合自己的销售运营模式呢？在运营过程中，又该注意哪些事情呢？

（1）用户导向是最核心的原则。选择销售运营模式时，不能考虑你想要用什么样的模式，而是要考虑什么样的销售运营模式对用户最有利、最方便。坚持用户导向的原则要考虑以下几个维度。

① 用户群体：服务面对的群体不一样，销售运营模式就不一样。比如，面对零售终端客户和企业大客户这两种完全不同的客户群体，采用的销售运营模式自然不同；又如，年轻客户和老年客户的认知能力和接受能力都不一样，面对这两种客户群体，采用的销售运营模式自然也不同。

② 用户成熟度：主要是指用户对产品的认知和接受程度，尤其是对新事物的认知和接受程度。比如，当下做大数据企业服务的，面对的绝大多数客户在认知上都存在严重不足，而且大数据的产品应用又比较复杂，所以在销售终端对客户进行一对一辅导就不可避免。

③ 用户购买习惯：主要包括用户的购买频次、购买需求强度、购买决策成本等。比如，购房是一个购买频次非常低、购买需求强度比较高、购买决策成本非常大的消费行为，那么用户需要了解的信息就比较多，决策周期也长，

专业的一对一销售顾问模式就是针对该类用户的必然选择；又如，购买珍贵的黄金珠宝属于购买频次低、购买需求强度低、购买决策成本大的消费行为，网络销售无法和用户的购买需求相匹配，线上就不能作为主要的销售渠道；再如，买菜属于购买频次高、购买需求强度大、购买决策成本低的消费行为，家门口的菜市场或者便利店就是最好的销售渠道。

（2）坚持与战略目标相统一的原则。销售运营要与企业战略目标相统一，这个道理很简单，但是现实中创业者往往容易脱离目标，尤其是将一些指标性的过程目标当作做事的核心目标来追逐。比如，我做餐饮创业项目的时候，为了达到提升营业额这个目标，采取了新增产品线、提升客单价等手段。我所有投入的出发点都是为了提升营业额，并没有意识到这个过程中的很多动作对项目的整体竞争力和战略是一种损耗。

（3）坚持满足渠道运营成本的原则。这在前面讲产品定价时就讲过，定价空间要满足销售渠道的利润分配需要。反过来，选择渠道时要考虑产品定价的利润空间是否能够支持渠道的运行成本。很多创业者容易在这方面犯错误。比如，有一个阶段，人们鼓吹阿里地推销售铁军的销售运营模式，很多创业者也觉得这个模式直接有效。但是这里面有一个运营成本的问题，不是什么产品都能用地推销售铁军的模式，如果运营成本根本不支持，投入产出比不划算，销售团队庞大的开支不把你拖死才怪。

例如，我的一个朋友是做互联网知识付费产品的，产品一直采用线上销售模式，但是销售规模一直突破不了，于是他就想通过线下自建地推销售团队的方式开拓市场。我当时就告诉他：你的成本结构肯定支持不了，你的产品本身是代理的，不是自己的，人家预留给你的利润就没有多少，你有限的利润就算全拿去和别人分，人家也都吃不饱，谁和你玩啊，除非一个业务员一天至少有效开发成交 20 个客户，可是这不现实啊。再者，这个产品本身的单价就只有几百块钱，用户决策成本很低，而且产品交付的形式又是数字交付，网上销售渠道本身就是最合理的选择。所以，对于这个产品，线下地推销售模式根本就不适用。

（4）坚持符合产品属性的原则。以产品的标准化程度来说，标准化程度高的产品，用户购买时容易做决策，而标准化程度低的产品，用户购买时就不容易做决策，比如茶叶。产品的标准化程度不同，它们的销售渠道和销售运营模式也都不一样。

（5）坚持符合竞争态势的原则。对于竞争对手已经占据的渠道，创业者最好别往上凑，要避开正面竞争，找到自己独特的渠道，这样成功的概率才比较大。例如，拼多多正是因为有了微信这个全新的销售渠道才有可能崛起，如果在过去的互联网渠道里，拼多多是没有任何机会的。

三、购买成本

销售就是获得顾客让渡价值。顾客让渡价值这个概念是菲利普·科特勒在 1994 年提出的，顾客让渡价值 = 顾客总价值 − 顾客总成本。

其中，顾客总价值指顾客购买产品或服务能够获得的利益的总和，包括产品价值、服务价值、人员价值、形象价值等。顾客总成本是指顾客为购买产品或服务所耗费的成本的总和，包括货币成本、时间成本、精力和体力成本、风险成本、形象成本、信息成本、选择成本、转移成本、学习成本、使用成本、维修成本等。

依据上面的公式可知：打造一个好的产品就是努力塑造产品价值，让顾客总价值变大；而实现好的销售一定是努力降低顾客购买成本，让顾客购买阻力变小。

降低顾客购买成本主要有以下方法。

（1）降低货币成本：货币成本是顾客购买产品或服务的最大成本，降低货币成本有助于顾客做出购买决策。但也不是定价越低越好，要综合考虑企业整体战略、消费者心理等因素。另外，当价格较高又无法降价的时候，可以考虑给顾客提供分期付款服务，从而达到降低顾客购买门槛的目的。

（2）降低时间成本：减少顾客获得产品或服务所需要的等待时间。但是也不能一味通过加大产品或服务的供应能力来缩短顾客的等待时间，这里面有一个成本结构的问题，更好的思路是填补顾客的等待时间。比如，海底捞在顾客等位的时候提供各种服务；又如，喜茶通过小程序帮顾客等号，顾客在等待的时间可以去逛逛街，等快到号的时候再回来。

（3）降低精力和体力成本：比如，过去大家买房要花精力了解很多楼盘或者二手房的信息，而且要一家一家跑去看房，精力和体力消耗都很大；而现在通过贝壳、安居客 App 可以轻松找到各类房屋的信息，还可以三维立体看房，从而大大节省了看房时间，减少了精力和体力消耗，缩短了交易周期，提升了购房效率。

（4）降低风险成本：比如，生产热水器、燃气灶等产品的企业往往会找大型的保险公司承保，以此证明自己的产品安全可靠，降低顾客的风险成本。

（5）降低形象成本：比如，将情趣用品店开在闹市区就很不明智，虽然有人感兴趣，想进去看看，但是想想可能会被熟人看到，就会打消这个念头。这就是没有考虑顾客的形象成本。

（6）降低信息成本：顾客为了做出最终的购买决策，需要获取更多的信息。商家应该为顾客提供便捷的信息获取渠道，降低顾客的信息成本。但是有些商家完全没有考虑顾客获取信息的便利性。比如，网购一个产品的时候，产品的详情页面是顾客获取信息的重要途径。但是很多商家的产品信息不全，尤其是顾客关注的信息都不放，还要顾客再问客服，如果客服回答及时，可能就促成交易了，而如果客服长时间不回复，顾客可能就去别家买了。

（7）降低选择成本：当今时代，商品极大丰富，不是选择不到，而是选择过度。比如，超市里饮料种类繁多，令人眼花缭乱。要让顾客在众多的商品中快速选择自己，就要提高自身产品的识别度，让顾客快速注意到，降低顾客的选择成本。例如，快餐店的菜单如果过度复杂，会让顾客出现选择困难，而精简的菜单可以帮助人们快速做出选择，提升餐厅的运营效率。

（8）降低转移成本：提高顾客的转移成本可以留住顾客，而降低顾客的转移成本也可以引来顾客。允许手机携号转网就是如此。再比如，有的商家在销售家电产品的时候，会将顾客的旧家电折价回收，这其实也是降低顾客的转移成本，帮助顾客下决心将旧家电抛弃换新家电。

（9）降低学习成本：复杂的产品学习和使用体验会影响顾客购买的欲望。简化产品学习和使用的难度，可以让顾客感觉愉悦，促进购买。苹果公司的产品设计就一直秉承这样的原则。但是有一些产品的功能设计极其复杂，完全没有考虑用户学习和使用的体验，让人难以喜爱。比如，我曾经购买过一副无线蓝牙耳机，各种功能集成在耳机上，通过触摸的方式进行功能转化，什么长按几秒，敲击一下、两下、三下，左耳机敲击是什么功能，右耳机敲击又是什么功能，都把我搞晕了。我看了半天说明书也没记住，日后使用极其不方便，很是后悔买了这样的产品。如果产品的用户体验较差，用户是绝对不会有复购的可能性的，这就阻碍了企业的销售增长。

（10）降低使用成本：比如，很多人说，奔驰咱买得起，但是养不起啊。虽然很多时候这是一句玩笑话，但是从一个侧面反映出较高的使用成本会阻碍顾客购买。

（11）降低维修成本：为什么人们购买家电、电子类的产品时喜欢买大品牌的，一方面是质量可靠，另一方面是即便有质量问题，他们的售后维修也很方便。如果是小品牌，维修成本就变得比较高了。例如，某品牌的汽车虽然做得很棒，身边好几个朋友都很喜欢，但是考虑到这个车的后期维修成本太高，就都放弃了购买的念头。

最后，在本章结束之时，我们用经典的 4P 营销模型将产品、营销、销售这三节的内容做一个整体串联。在 4P 营销模型中，第一个 P（Product）代表产品（或服务），产品（或服务）是向用户提供价值；第二个 P（Price）代表价格；第三个 P（Place）代表渠道；第四个 P（Promotion）代表宣传。4P 营销模型包括了企业经营的核心动作，它们都指向一件事情，就是企业经营战略的实现，企业经营战略是它们共同的魂。在我看来，与其说 4P 营销模型是一个营销理论，不如说 4P 营销模型是一个企业经营理论，而且这个理论在可展望的商业时代应该都不过时。

第十章

市场三角：你对要进入的市场了解吗

产品、营销、销售这套组合拳面对的目标只有一个，那就是市场。但是创业者往往关注自己太多，而忽略了市场这个“对手”。

市场是什么？教科书往往给出这样的定义：“市场是商品交换的场所。”“市场是指商品流通的领域，是交换关系的总和。”……

我们这里说的市场不是实体的市场，而是某种商品或服务需求。这里的核心是需求，没有需求也就没有市场，市场就是客户的需求。

明白了市场存在的根本原因是客户的需求，接下来，我们主要围绕三个问题进行探讨，分别是市场机遇、市场特征和市场增长，它们构成市场三角（见图 10-1）。

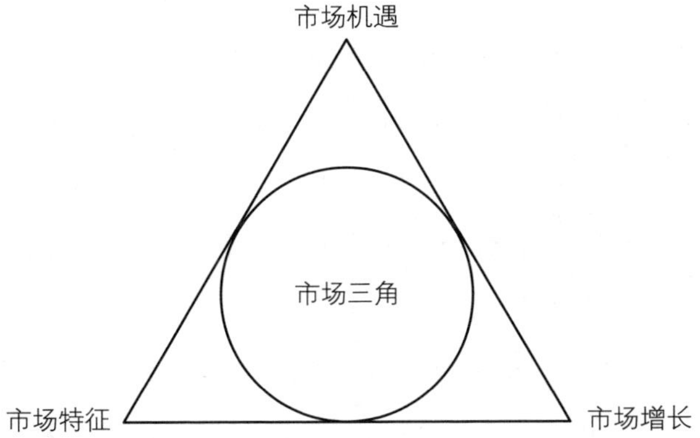

图 10-1　市场三角

第一节　市场机遇

有很多创业者问我：市场上还有什么样的创业机会？

他们问这个问题其实表明他们有思维固化的倾向，因为他们盯着的市场大多是当下的存量市场，想要在现有的存量市场里找机会。这不是没有可能，但是极其困难。

最好的创业机会一定是符合趋势的、面向未来的。在前面的趋势判断三角里，我们已经谈过这方面的一些内容。在这个章节里，我想从以下两个方面来谈。

一是回归本质，什么是市场的机遇？——空白市场

二是未来的市场机遇在哪里？如何发掘？——趋势变化

一、空白市场

需求是商业的根本出发点，没有需求就没有市场。

那么，我们首先要明白什么是需求。

从消费者的视角来看，需求就是人们为了得到满足而形成的对特定产品或服务的购买欲望和能力。在这个定义里有两个条件：一是对特定产品或服务的需求；二是对这种产品或服务的购买欲望和能力。

只有满足这两个条件才能构成需求。但是这个定义还是没有讲明白用户的需求是什么。

简单来说，用户的需求就是一种普遍的“缺乏感”，而且市场上还没有一个方案来填补这种“缺乏感”。

比如，大多数想学好英语的人由于找不到一种有效的英语学习方法，导致英语水平很难得到提升。你要找的商业机会就是这种未被满足的“需求”。如果你能提供一套学习英语的有效方案，那么你就有可能抓住这个市场机会。

当然，需求的真正形成还要考虑消费者的购买能力。如果你的这套英语学习方案定价在1000元这个水平，大多数人都能负担得起，市场就比较大。但是如果定价在1万元，能负担得起的人就寥寥无几了，市场可能就无法真正有效撬动起来。

市场机会就是还没有被满足的需求。你需要做的就是找到这个没有被满足的需求并满足它。所有的商业行为都应该基于一个未被满足的需求。就当下市场而言，这种空白市场其实总是存在的，只是较大的空白市场都已经被填补了，剩下的是一些比较小的市场。但对于一个创业者而言，有时候从一个小市场起步不失为一种不错的选择。

当然，市场上也存在很多对现有需求解决方案进行改造的机会。比如，当下的装修行业痛点非常多，不论是装修业主、设计师、装修施工队还是材料商等，都有不同程度的痛点，那么这就完全可能是一个创业的切入市场，只是你要选择合适的切入点，让创业阻力尽量变小，还要构建全新的商业模式，重新塑造产业价值链，解决人们的痛点。

最后，谈到需求，不得不谈谈“伪需求”。创业者在创业过程中很容易犯这方面的错误。

我曾经在一个市级的创业大赛中担任评委，其中一个创业项目是“钢琴电子乐谱”，就是用平板电脑代替纸质乐谱。参赛者阐述项目的时候，提到的用户痛点是纸质乐谱不方便，在弹奏者弹奏的过程中，如果要翻动乐谱还需要有人帮忙，如果有了“电子乐谱”就可以解决这个麻烦。我问了一下他的定价，一块单屏的“电子乐谱”大概900元，双屏的大概1600元，三屏的定价更高。但是，用户会花这么多钱去解决这个所谓的痛点吗？这其实就是典型的伪需求，用户是有痛点，但是创业者提供的解决方案成本实在太高。

二、趋势变化

关于大的时代变化的趋势，我们在趋势判断三角里谈过，这里不再探讨。

在这一部分，我们主要探讨市场变化的趋势。市场变化中可能蕴藏着巨大的商业机会，创业者一定要善于发现这种市场的变化。

比如，中国已经进入了老龄化社会，而且这一代的老年人得益于养老政策，手里有充足的钱去消费，那么老年人消费市场的发展势必是一个大趋势。他们的需求是什么，钱花在什么地方，哪些需求没有被满足，这些都值得研究，从中可以发现商业机会。

又如，如今年轻一代崛起，他们的生活环境和上一代完全不一样，因而消费的喜好、观念也都完全不一样。他们在物质上不缺乏，更多是追求精神享受。也因为他们在物质上不缺乏，他们追求更高的物质享受。他们不像上一代凡事还亲力亲为，饿了完全可以不用自己做饭，点个外卖全部搞定；衣服脏了，不用亲自送到洗衣店，打开 App 就有人上门取衣。但是总体来说，针对年轻人的消费需求，目前做得还远远不够。作为一个创业者，如果你能研究明白这一代年轻人的消费需求，就一定能发现巨大的商业机会。这也是为什么很多 90 后、00 后的年轻人创业好像很容易就取得了巨大的成就，因为他们是真懂年轻人，他们就在这个群体里，很容易就能够发现年轻人的真实需求。

市场上还有很多地方在不断发生变化，这种变化带来的都是市场机遇。比如，过去男性是很少购买护肤品的，但是随着生活品质的提升，当下护肤品消费者中男性的占比不断提高，这就形成一个全新的增量市场。

变化带来新需求，变化带来新市场，变化带来新机会，而善于观察变化、发现变化正是创业者的必修课。

第二节　市场特征

不同的市场有不同的特征，面对具有不同特征的市场，我们的经营模式也必然不同。作为创业者，一定要知道自己处在一个什么样的市场中。

一、刚需高频

刚需高频市场一定是我们创业时选择的最佳市场。但除了这样的市场外，其他市场又有什么特征？有什么机会？如何应对不同的市场？

我们先用高频 – 低频、刚需 – 非刚需这两个维度将市场划分为四个象限，再在这四个象限中用斜线划分，斜线里的部分代表高价格产品，斜线外的部分代表低价格产品，这样就划分出八个不同类型的市场（见图 10–2）。

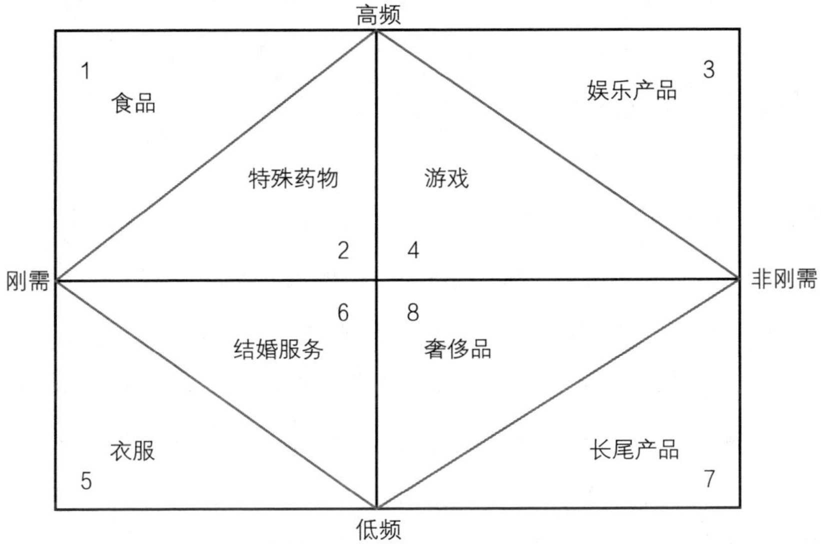

图 10–2　市场划分图（1）

图 10–2 中区域 1 代表刚需高频市场，米、面、油、调味品等就属于这种市场，虽然价格不高，但是需求旺盛，用户的购买频率很高。另外，图 10–2 中区域 2 也是代表这样一种市场，但是产品的价格相对较高。比如，某种患有特殊疾病的人对某种药物长期依赖，这种药物就属于这个市场。

图 10–2 中区域 3 代表高频非刚需市场，娱乐产品就属于这一市场，像是一些视频网站之类的，收费不算高，但是人们观看的频率非常高。如果从精神层面说它是刚需，也不是不行。但是我之所以把它放在这里，是因为在人们支

出有限的情况下，生理需求层面的支出不会被砍掉，但是娱乐层面的支出就有可能减少。图 10–2 中区域 4 也代表这样一种市场，但是产品价格较高。我能想到的就是一些使人成瘾的东西，比如游戏。很多人不仅愿意花很多时间去玩，而且动不动就充很多钱。

图 10–2 中区域 5 代表刚需低频市场，其产品价格较低。比如日常购买的衣服，尤其是男士服装。对于这类产品，主要靠总量和适度的毛利来支撑，如果总量上不去，毛利又不够，基本很难维持。图 10–2 中区域 6 也代表这种市场，但产品价格较高。比如，结婚服务项目一般价格就比较高，像是照个结婚照，动不动就是好几千元甚至好几万元，婚礼司仪服务的价格也非常高，动不动就是好几万元。做这种生意要特别注意口碑积累，不能欺客，因为你绝大部分的生意都要靠过去的老客户帮你介绍。

图 10–2 中区域 7 代表低频非刚需市场，其产品价格较低。比如，针线、纽扣这类产品，在过去是比较高频的产品，但现在基本上是一个非常低频的产品了。这种产品一般不好经营，你会发现身边很难找到卖这些产品的了，因为购买的频率实在是太低了，也就没有人专门经营了。好在互联网让这些产品可以面对更大的市场范围，接触到更多的客户，从而实现长尾效应。图 10–2 中区域 8 也代表这样一种市场，但是产品价格较高。比如奢侈品，这种产品具有较高的社交价值和精神价值。这类产品服务的就是一小撮人，高价格不仅是为了获取高毛利，更重要的是通过价格区隔人群，让这一小撮人感受到这种独特的价值。一旦这种产品烂大街了，这一小撮人是不愿意花钱购买的。

当你进入一个市场的时候，一定要清楚你所处的这个市场是什么类型的市场，具有什么特征。别像我之前提到的那个朋友，非要把低频产品再做成低毛利产品，还想让这种产品实现高销售。这不就是典型的对市场特征不了解嘛。

二、统一分散

我们还可以从市场是统一还是分散状态的角度进行市场划分。可以用两个维度划分为四个象限，一个维度是全国性 – 区域性，另一个维度是统一性 – 分散性（见图 10–3）。

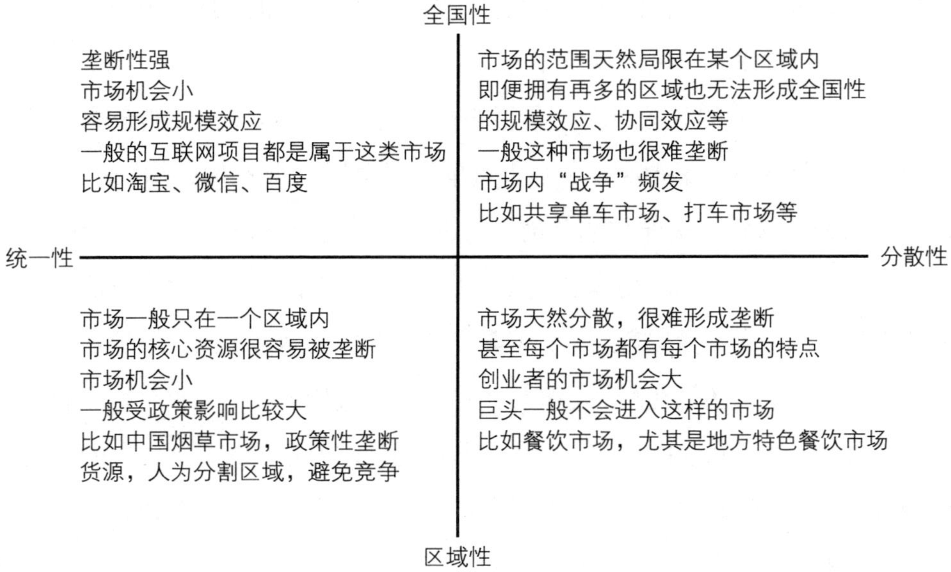

图 10–3　市场划分图（2）

从图 10–3 来看，最好的市场一定是全国性的统一市场，这样的市场又大，又有一定的垄断性。从创业的角度看，如果能够找到这样一个空白市场固然是好的，但是从当下的情况看又是极其不现实的。因为这样的市场绝大多数都已经被巨头们把控住了，市场的机会是极小的。

其次是区域性的统一市场。这类市场尤其集中在受区域性特有资源或者是政策影响较大的行业。创业者进入这类市场的难度较大，针对前一种情况主要是实现资源的垄断，而对于后一种情况，由于受政策的影响太大，创业者基本没有什么机会。

最难打的就是全国性的分散市场，这种市场天然难以形成壁垒。比如现在的共享单车市场，竞争对手越杀越多，距离“战争”落幕还非常远。又如，以滴滴为代表的打车市场，竞争也只是暂时告一段落，很难说滴滴已经稳坐市场了。原因是这个市场壁垒太低，即便你拓展到全国，由于市场不统一，分散于各个区域，也无法形成规模效应、协同效应，竞争对手很容易就在一个地方以点状集中进攻的方式突破。像是“曹操用车”就在一些区域发力运营，以绝对性的优势压到滴滴。滴滴规模再大，它的优势在区域也发挥不出来，只能看着竞争对手冒出来和它抢市场。

最后是区域性的分散市场，典型的代表就是餐饮市场。虽然全国市场总量很大，但是区域性又很突出，加上竞争极度激烈，非常难以形成统一市场。但是我认为，这种市场非常适合创业者进入。一方面，巨头一般不会进入这样的市场，而目前市场的整体水平又处于一个比较低的阶段；另一方面，虽然从业人员规模庞大，看似竞争大，但是竞争者的综合水平不高，不论是在精细化、数字化管理，还是在产品标准化生产、营销宣传等方面，整个行业的提升空间都很大。由于目前的从业人员离这些能力要求差距较大，新进入的创业者完全可以实施降维打击。最后，最重要的一点，这个市场虽然分散，但是只要拿住一块小市场，市场总量就相对比较大了，值得创业者付出。

第三节　市场增长

每个创业者都希望自己创办的企业可以不断获得增长的空间。我认为增长主要来自两个方面：一是市场本身。创业者面对的市场本身要有足够的增长空间，最好是我们前面说的新兴的空白市场，或者这个市场本身也在不断增长，需求在不断增加。在这样一个增量市场里，企业可以说是处于一种水涨船高的状态，想不增长都难。二是企业内部的经营。企业要想不断获得增长，就要找到企业自己的增长飞轮。增长飞轮这个概念是吉姆·柯林斯在其著作《从优秀到卓越》中提出的。

增长飞轮形象地展示了公司是如何从优秀到卓越的。亚马逊创始人杰夫·贝索斯曾在一张餐巾纸上画下了亚马逊的增长飞轮，它是这样的：亚马逊为顾客提供更多、更低价格的商品，让顾客获得更好的购物体验；更好的购物体验吸引更多的顾客来亚马逊；更多的顾客吸引更多的商家入驻亚马逊；进一步提升了亚马逊的整体竞争力和销售规模；企业和商家都从中获益，从而更坚定地按照这个策略进行投入；更进一步降低成本，为顾客提供更多、更低价格的商品。这样再回到源头，进行新一轮的推动，给用户更好的体验，从而获得更多的用户，吸引更多的商家，实现更多的销售，使大家都从中获利，进一步坚定投入的信心。至此，形成一个完整的增长飞轮（见图 10-4），循环往复，生生不息，越滚越大。

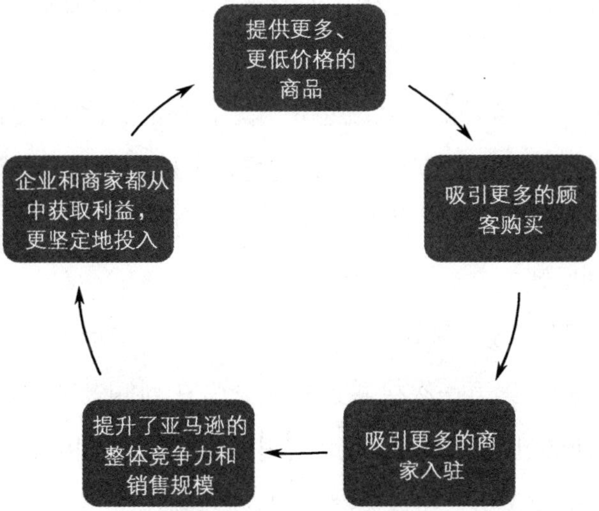

图 10-4　亚马逊的增长飞轮

我们可以看到这个飞轮就是一个因果链条，因与果不断相互作用，形成了一个不断循环放大的增强回路。

这就好像一个妈妈想让自己的孩子学习好，就通过不断鼓励和表扬的方式，让孩子热爱学习。孩子因为总是受到妈妈的鼓励和表扬，就真的爱学习了，成绩竟然真的好了。孩子成绩好了，不仅获得了妈妈更多的鼓励和表扬，还获得了老师的鼓励和表扬，结果孩子更爱学习了，成绩更好了。这就是一个增强回路，形成正向循环。

当然，有正向的增强回路，就有负向的增强回路。还拿孩子学习来说，只要家长开启不断批评、辱骂孩子的因，最终一定会得到孩子学习不好的恶果，而且会一直坏下去，因为这是给孩子开启了一条负向的增强回路。

创业者也是一样，走入正向的增强回路，当然就越战越勇，但是一旦走入负向的增强回路，就会越走越累。一定要尽快调整自己的行为，最根本的是要在第一个因上找问题，积极改进，而后面一连串的因都是第一个因的果，抓住源头才是关键。

另外，你的行为和结果之间会有滞后效应。就好像孩子学习很努力，但不是努力了就能快速提升学习成绩，而一定是有一个过程的，这个过程中你要有耐心，不要心急。

回归到商业上，这种滞后效应也是普遍存在的。比如，你一波宣传砸下去，结果市场没有动静，你就着急了，觉得是不是宣传的策略点不对，或者渠道不对，就想着赶紧改策略、改渠道等。其实，可能市场还处于消化期，用户还没有完成行动反馈。

因果链、增强回路、调节回路、滞后效应是系统动力学的四大基本连接关系（见图 10–5）。我第一次接触这些概念是在刘润老师的课程《商业洞察力 30 讲》上，他通过这几个概念将系统里要素之间的连接关系讲得明明白白，让我豁然开朗，受益良多。所以，我借用刘润老师讲的增强回路的概念来阐述增长飞轮。

每个企业都应该找到自己的增长飞轮，只有找到这个飞轮，企业才能不断获得成长。为了让大家能够有更直观的感受，我们再来一起看一下海底捞的增长飞轮（见图 10–6）。

基于以上两个例子，再从企业经营的核心要素出发，我总结了一个简化的、一般意义上的商业增长飞轮（见图 10–7），供大家参考。

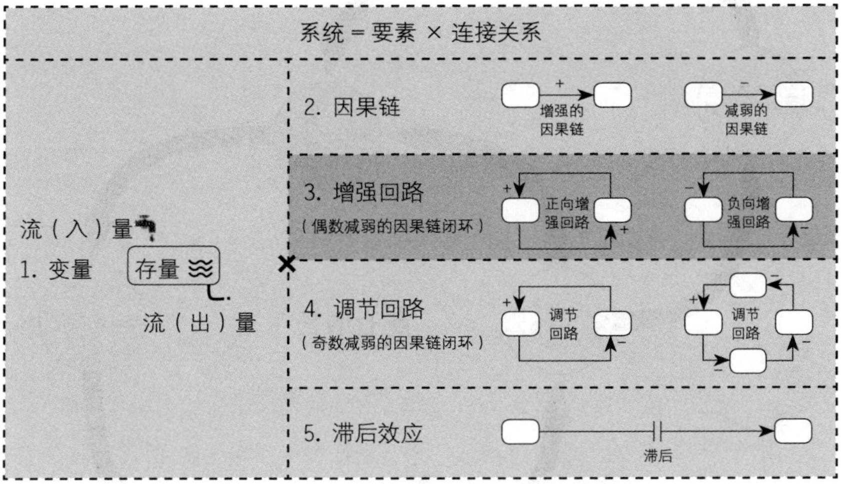

图 10-5　系统动力学四大基本连接关系

资料来源：刘润老师课程《商业洞察力 30 讲》。

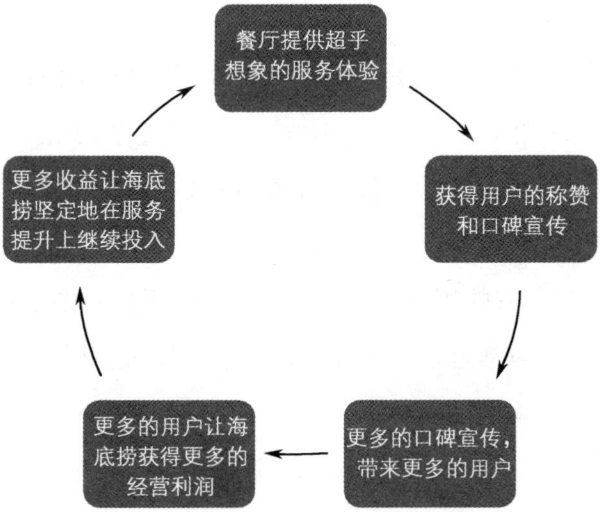

图 10-6　海底捞的增长飞轮

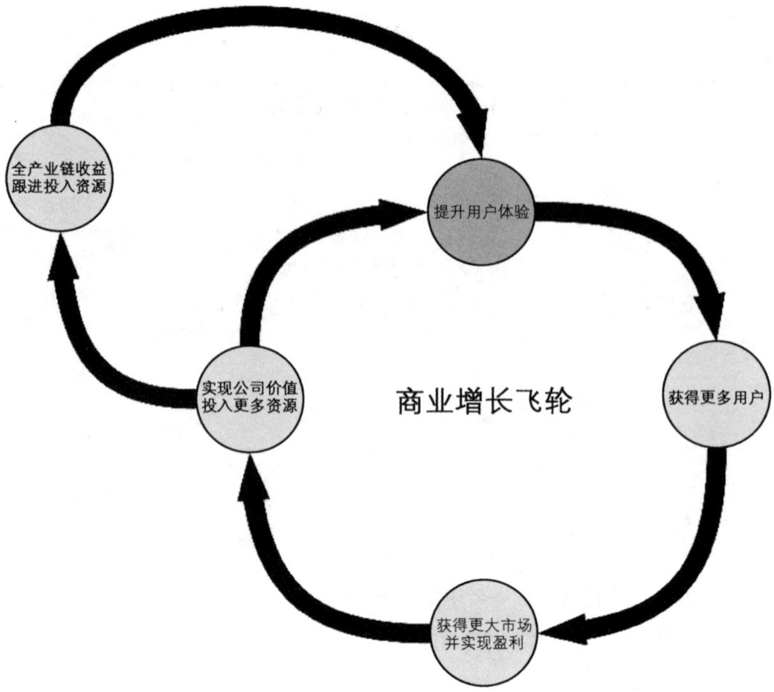

图 10-7　商业增长飞轮

这个商业增长飞轮的起点是“提升用户体验”，特别要说明的是，用户体验的提升一定要和你的战略相匹配。比如，海底捞主要为用户提供超乎想象的服务，相对来说，对产品的投入没有服务那么多，因为企业的资源是有限的，不能全部都投入，都做到最优。

接下来是通过良好的用户体验，获得更多的用户。更多的用户帮助企业获得更大的市场，并实现盈利。另外，和企业合作一起开拓市场的相关利益者也从中受益。

在这个策略下，企业和相关利益者都获得了利益。企业坚定信心，按照这个策略进行更多的投入，更多的投入带来更好的用户体验。至此，形成一个完整的增强回路闭环。

在这个闭环里，因为起点上用户体验策略选择的成功，让交易结构里的每一个相关利益者都获得了利益。更多的利益获得，让大家更加认可这个策略，继续按照这个策略投入，强化自己的行为模式，这样系统就实现了良性的运行。

我们再结合战略章节里提到的战略杠杆模型，将战略杠杆模型里的“用户体验”替换为“增长飞轮”，至此，我们就完整地获得了一个市场增长的方法论（见图 10–8）。

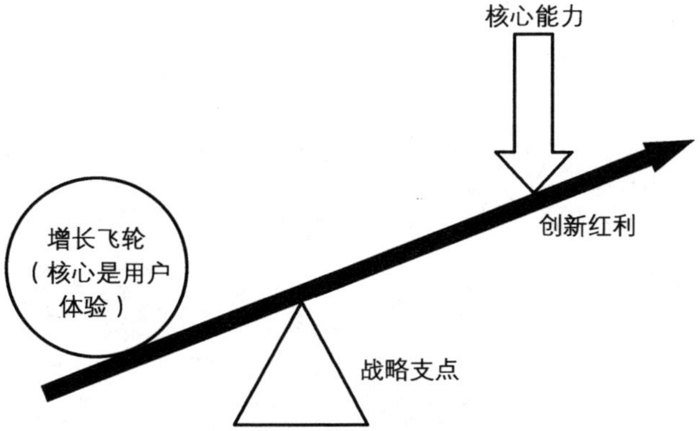

图 10–8　战略杠杆模型

第七篇

企业高效运营模型

我们用创业三角和企业太极图将商业知识搭建为一个知识框架，这个框架的右半部分是企业内部管理活动，左半部分是企业外部市场经营活动（见本书附赠大图）。但是仅有这个商业知识框架还不够，如果想要进一步将这些商业知识应用到实战中，我们还需要将这些商业知识再次进行整合，将它们统一到一件事情上来，形成一个整体的模型。

最终我将以上几个部分的商业知识抽象成一个企业高效运营模型：首先是针对内部的管理运营飞轮，其次是针对外部的市场运营飞轮，最后将这两个飞轮安装在公司发展三角这架企业超级战车上，这样一个最终的、完整的、整体的企业高效运营模型就形成了。

第十一章

管理运营飞轮：管理运营的内在逻辑是什么

管理运营的核心任务是激发组织活力，让组织具有战斗力，最终实现企业目标。很多创业者错误地认为管理就是实现制度化和流程化，一上来就想规范企业管理，大搞制度、流程建设，堵漏洞，建标准，为了管理而做管理，这就有点邯郸学步了。

他们忘记了，管理的根本目的是激发组织活力，确保组织能够打胜仗，而不是形成外部的管理形态。而且创业前期公司业务不稳定，外部环境和内部环境都不确定，制度化和流程化的管理只会给公司套上枷锁，限制公司的发展。

那么，如何建立自己的管理模型，有效激发组织的活力呢？

管理运营飞轮构成了组织的发动机结构，如图 11-1 所示。

在管理运营飞轮中，使命、愿景、价值观构成内部管理的核心和灵魂，它们将决定企业的行为模式。因为使命、愿景、价值观构成的企业文化在底层上规定了企业面对市场环境的生存策略，这种生存策略引领了企业的所有行为。

从使命、愿景这条线，我们推出了战略、组织、考核这条管理的明线：

战略在本质上和使命、愿景就是一回事。使命明确了企业为什么而存在，要为社会解决什么样的问题（就算你创业的目的就是为了挣钱，但是挣钱的基础也是你为社会解决了什么问题）；愿景明确了在企业的努力下解决这个问题

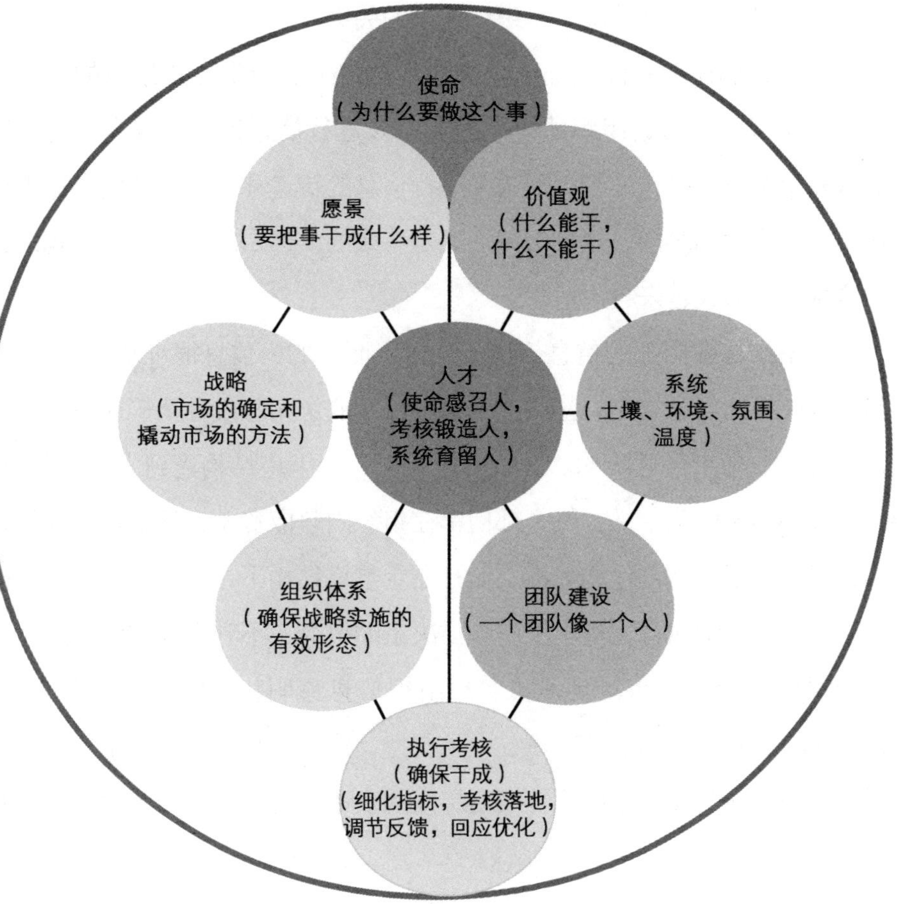

图 11-1　管理运营飞轮

后，企业自身组织或者社会的美好图景应该是什么样的；战略明确了如何解决这个问题。

使命、愿景、战略都指向某一件事的实现。或者说，整个企业的所有行为都是指向某一件事的实现的，凡是偏离了这一点的行为都是无用功，甚至是消耗有限资源的反作用力。

组织是战略落地的承接形态，确保战略可以有效实施。这里的组织不仅是指组织结构的设置形态，而且是指企业人、财、物资源的配置形态。

如何通过有效的组织形态设计将企业有限的人、财、物资源的作用发挥到最大，确保战略顺利落地，是组织建设的关键。

另外，我们还要关注外部市场快速变化带来的组织形式适应的问题。在组织章节里我们讲过，组织建设是为了有效进行信息传递和权力分配。过去企业依靠金字塔层级式的组织形式来进行信息的传递和权力的分配。在市场外部环境变化不大的时候，这种组织形式是有效的。但是随着市场变化越来越剧烈，这种组织形式越来越不适用。

金字塔结构在内部的信息传递上是自上而下的，信息很难从下向上传递，容易形成决策的信息真空。基层作为接触市场的触角却没办法确保信息有效反馈，这对企业是十分危险的。在权力分配上，金字塔结构遭到人为的条块化，导致形成小集团山头主义，每个部门都在组织内争取资源，维护自身地位，权力的分配变成了协调合作的障碍。而且在金字塔结构下，命令从上而下贯彻执行，基层只能被动执行，基本没有参与决策的机会，不利于基层活力的激发。

面对剧烈变化的市场环境，实现组织信息透明化（信息上下高效传递）和化小作战单元，做到前台决策、中台支持，成为一种必然。这里的前台决策主要是业务层面的决策，而不是战略层面的决策。这在组织章节里讲过，此处不再赘述。

使命明确了任务目标，战略明确了怎么实现任务目标，在此基础上，企业搭建了适应市场环境的组织形式，并将有限的人、财、物资源分配给组织来完成任务目标。企业通过组织行动最终获得结果。

最后，企业通过对组织行为过程的考核，不断发现组织在实现企业目标的过程中存在的问题，并不断优化组织的行动，确保企业最终实现战略目标。至此，一条企业管理的明线形成闭环。

在管理运营飞轮中，从使命、价值观这条线，我们可以推出系统、团队、考核这条管理的暗线：

价值观规定了企业倡导什么、鼓励什么，这些是确保企业可以生存下来的核心法则。同时它的反面也是企业的高压线，企业任何成员都不得触碰，因为触碰高压线就是破坏企业的生存法则，让企业处于危险的境地。

价值观作为企业文化的核心表达，规定了企业对外和对内的整体行为要求。而系统还包括了治理结构、企业机制、感情温度这些要素，更进一步地为文化的落地提供了土壤和环境。只有文化正向、生态环境良好，员工才能积极向上，企业才能生机勃勃。那些人心不齐、犹如一盘散沙的企业，多数是因为没有正确的文化作为引领，也没有良好的系统环境作为支持。

文化和系统这两者是相辅相成的。比如，华为倡导奋斗者精神，作为创业者的你，不能只看到华为的文化与在这种文化下员工的付出和执行力。华为的文化能够落地的很大原因是企业系统做得很好，支持这种文化的落地。就拿利益分享机制来说，华为坚持让创造价值的人分享价值。任正非把分钱作为自己最重要的事情，他说，钱分好了，组织就活了。如果企业机制建设到位，土壤合适，文化自然能够生发，员工的执行力也自然能够提升。

一个企业一定是一个组织，但是一个企业不一定是一个团队。这是因为一个团队必定是凝聚在一起的一群人，这群人就好像活成了一个人的样子，这群人有他们独特的精气神。而企业要打造这样的团队，只有文化真正落地生根、系统环境健康积极才有可能。当你有这样一支团队的时候，你的组织才有可能发挥作用，才有可能攻坚克难、战无不胜。

最后还是要落回考核，这条管理的暗线才算形成闭环。在企业管理中，不仅要注重业务的考核，更要关注文化的考核。很多企业的文化总是落不了地，一是他们的文化确实只是口号，就是觉得哪些词好就拿来用，这些词里面没有内涵、没有内容；二是他们的文化没有和业务生存法则相一致、相融合，脱离了生存的文化就是文化本身而已，自然也就没有办法落地，因为没有落地的土壤环境；三是企业对文化有要求，但没有考核，把文化当作诗与远方而不是当作确保当前活下去的水和面包。

讲完管理明暗两条线，我们来看管理运营飞轮的核心——人。

首先，企业管理明线的重点是要完成一件事，要想完成这个任务目标，就必须有优秀人才队伍的支持。而企业管理暗线的重点就是用使命感召人、用文化规范人、用系统塑造人，最终打造一支优秀的人才队伍，用以满足企业的人才发展需求。

其次，管理的本质就是激发人，进而激发整个组织的活力。德鲁克说，管理的本质是激发善意。所有的管理动作，如果不能激发人，就是无效的、没有价值的甚至是负面的。而要做到激发人，就要真正做到以人为本，即尊重人的需求，注重人的利益，顺应人的本性（这里强调一下，顺应人的本性是指引导人们做出符合自己利益的选择，而不是放纵、一味顺从人的本性），让企业利益和个人利益相统一，从而实现顺势借势，而不是逆势而为。传统管理思维是用约束的方式与人进行博弈，而真正的以人为本是在集体和个人的博弈中顺人性而为，既实现个人的利益，又实现组织的利益。组织在这个过程中不过是搭上了个人实现利益的顺风车。如果一个管理者或组织总是感觉自己应该凌驾于个人之上，最终会在和个人的博弈中败下阵来。

最后，从商业的本质来看，内部的管理更像是通过满足员工的需求来激发员工，让员工愿意主动地为企业的目标付出。所以，真正的管理高手应该会把员工当作用户，而不是把员工看作完成任务的机器。企业和员工的关系本质上是价值交换关系，企业先满足员工的需求，员工才会愿意付出更多，帮助企业实现目标。当然，员工的需求是多层次的，不仅仅是物质需求。你需要做的是进一步挖掘和满足员工的需求，并引导员工的需求和企业的需求相统一。

作为创业者的我们，在内部管理上一定要有一个整体的系统运营的概念，要明白各个管理要素之间的关系，以及整个管理系统是如何运营的，只有这样才有可能打造出我们自己的管理运营飞轮，真正做到激发组织活力。

第十二章

市场运营飞轮：市场运营的内在逻辑是什么

市场运营的核心是企业如何使用有限的资源最终拿下目标市场，也就是满足消费者的需求。

“变化”是市场的一大特征，但是“变化”并非“莫测”。我们在市场章节里讲到，虽然需求在不断变化，市场随之也在消长变化，但是我们只要回归到需求的本质，总是有一些方法可以让我们洞察到这种需求和市场的变化，从而帮助我们抓住市场机遇。

相对于市场的不断变化，人的底层需求是不变的。只是随着购买能力的提高和技术的变革升级，满足这种需求的形式也在升级，变得更高效、更便捷、更优质。

市场再消长变化，只要能把握住需求这个“根”，你就具有了“擒住市场”的资格，如果再练就一套“擒住市场”的功法，大概率你可以成功，而这套功法就是市场运营飞轮。

可惜的是，很多进入市场的人既不知道自己要“擒住”的市场是什么、在哪里，又没有“擒住市场”的本事。

接下来，我们就一起来了解一下市场运营飞轮（见图 12-1）这套能“擒住市场”的功法吧。

一个企业的使命、愿景、价值观是企业生存的根本所在。在使命、愿景、价值观明确的前提下，战略作为它们的承接形式，进一步指引企业的内外部运

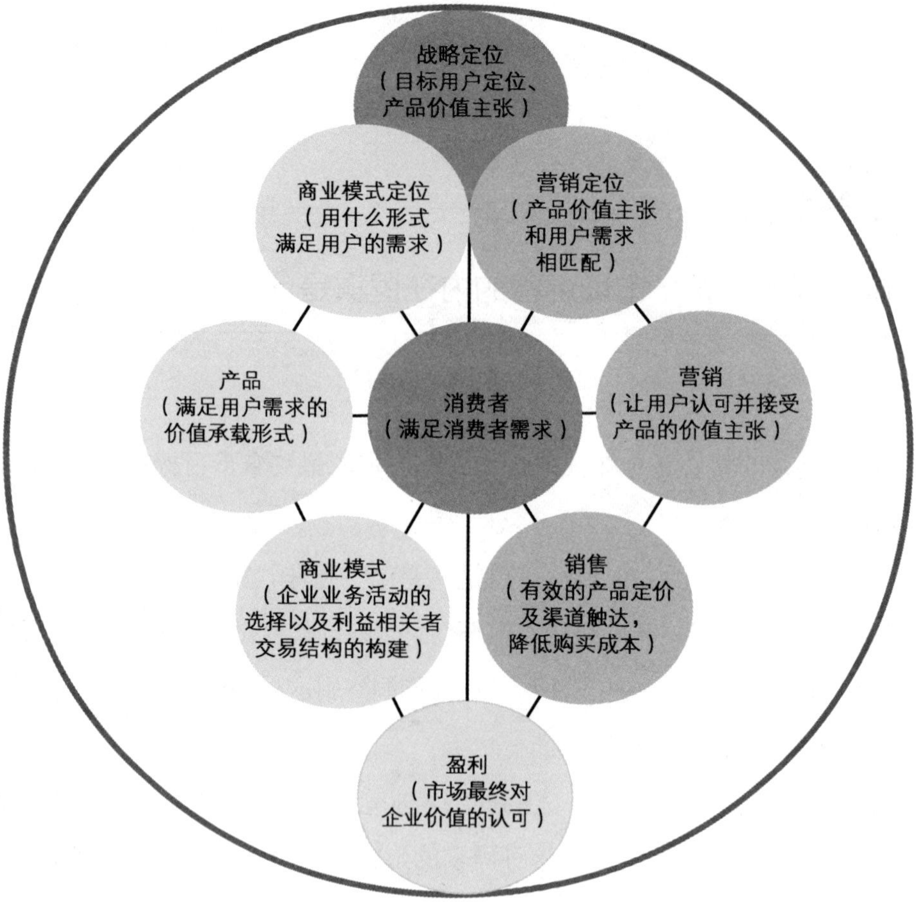

图 12-1　市场运营飞轮

营。一个企业的所有运营都是围绕着企业战略而展开的，内部的组织建设和外部的市场运营都是如此。具体到外部的市场运营，战略的承接形式有三个层面：战略定位、商业模式定位、营销定位。

战略定位核心解决的是用户的定位、产品和服务的选择问题，也就是市场的选择问题，即要攻打哪块市场，用什么产品来攻打这块市场。

商业模式定位核心解决的是用什么样的具体产品形式来满足用户需求的问题，不同的商业模式定位决定了不同的产品形式。

营销定位核心解决的是产品的价值主张和用户需求的匹配问题，就是通过对用户痛点的刺激让他们感受到产品的价值，进而产生购买行为。简单说就是要告诉用户你是谁，你能帮助他解决什么问题，满足他的什么需求。这是营销的核心功能，是营销的起点。很多讲营销定位的文章将营销定位的核心归结为产品的定位和用户的定位两点，但这其实是战略定位要解决的问题。用户和产品，一个是市场存在与否的问题，一个是攻克市场的问题，这都是企业面临的核心问题，都是要在战略层面上解决的问题。将产品和用户定位归到营销定位上，只是说营销活动必须服从整体战略要求，不能脱离战略。但是创业者要明确营销定位核心要解决的并不是战略问题，而是产品价值和用户需求的匹配问题。只有解决这一问题，才有可能真正激发用户的购买需求和行为。至于营销渠道、营销方式，一是根据战略来选择，二是根据公司实力来选择。这个问题可以作为营销定位的一个层面，但不是最关键、最核心的问题。之所以这么说，是因为这个层面的问题相对容易解决，很多时候创业者不是营销渠道和方式选择错误，而是用户需求的挖掘、匹配没有做好，打出去的子弹都是脱靶状态。

说完战略定位、商业模式定位、营销定位三个层面的定位后，我们展开来说市场运营飞轮。

在市场运营飞轮中，明确了企业使命、战略后，企业就围绕着目标用户定位、产品和服务的选择进行战略资源配置和优化，通过产品、营销、销售等手段，最终实现对消费者的价值交付。这个任务的完成又可以分为前后两条线。

市场运营的后端是由战略定位牵引出的商业模式定位，商业模式定位的核心任务是明确用什么样的产品形式来满足用户的需求。

比如，你想做包子生意，如果商业模式定位是开一个包子铺，产品的核心形式就是包子本身，调动全部资源做好包子就能满足顾客的需求；如果商业模式定位是开连锁店，产品的核心形式就变成了店铺，需要调动的资源和开一个包子铺是不一样的；如果商业模式定位是想通过技术出售获得收益，产品的核心形式就是技术教学，可以通过网络视频、线下教学等方式实现，产品就变成了一种服务。

商业模式定位决定了你的产品形式，而产品这种形式也是满足用户需求的载体。企业通过产品向用户传递自己的价值主张，解决用户的需求。

产品的形式确定后，也就能够明确企业的商业模式，即明确需要调动哪些利益相关者来构建交易结构，最终实现产品的有效输出。

最后，以上这些都是企业的假设，要想得到验证，必须获得市场的认可，即你把产品卖了出去，并且获得一定的利润，这就是市场对你的企业价值的认可。如果只是卖出去了，没有获得利润，说明你的企业价值塑造不成功。

市场运营的前端是由战略定位牵引出的营销定位，营销定位解决的是产品价值主张和用户需求相匹配的问题。企业只有将用户需求定位准确，才有可能开启市场，否则有可能做很多无用功。再次强调一下，产品价值和用户需求是两回事，或者说是一件事情的两个方面，两个方面要做到统一，但是这两个方面是基于不同角度的不同论述，不要混为一谈。之所以再次强调，是因为很多企业不会进行营销定位，找不准用户的需求，总是自说自话，说自己的产品如何好（强调产品价值），用户必须购买。但问题的关键是，这个产品价值和用户的需求之间有什么关系，如果找不到真实需求，建立不起关联，用户永远无感，也自然不会买单。

比如，在蜂蜜市场上，很多商家还在讲蜂蜜对人体的好处，这就是自说自话，只关注自身产品的价值点。但是阻碍顾客购买蜂蜜的原因并不是这些利益点、价值点不够明确，他们都很清楚蜂蜜是个好东西，你真的不需要再教育他们。对于顾客而言，真正的核心痛点是，不知道蜂蜜到底是不是天然的。市场上存在假蜂蜜，他们没有鉴别能力，万一买到假的怎么办？这才是阻碍他们购买的关键。对应到用户需求上，就是要“降低风险”。当然，在蜂蜜市场发展遇到的瓶颈中，这只是一个方面，另外还有消费场景单一、消费频率低、用户体验差、产品缺乏标准化等问题。如果能够解决这些问题，蜂蜜市场应该会有一个大的发展。

蜂蜜市场其实和茶叶市场是相似的。茶叶市场的问题是缺乏标准化，顾客对茶叶的认知不足，很多时候不是顾客不想买茶叶，而是顾客很难鉴别茶叶的品质，从而阻碍了顾客购买茶叶。而小罐茶正是抓住了这个痛点，推出“小罐茶，大师做”的茶叶产品，用“大师做”这个点来解决过去茶叶不够标准化的问题，让顾客容易购买。

明确了营销定位，就可以开展营销活动了。营销就是将用户的需求和企业的产品价值建立联系，让用户知道你的产品完全可以满足他的需求。而从战略的角度看，用户需求必须是市场上未被满足的需求。所以，营销必须和战略相统一。

很多企业在产品价值和用户需求匹配上总是匹配不准，以至于迟迟无法撬动市场，即便投入再多，也都是枉然。

比如，某 8 到家的广告语是“上门服务，就是某 8 到家”“某 8 到家，服务到家”。试问：什么家政服务不是上门服务的？难道是因为别人提供的家政服务都不上门，所以某 8 到家特别强调上门服务吗？这个能激发用户的需求吗？这个广告语的底层思维就是，找家政服务，就找某 8 到家，最好是你们都到我们家，都用我们家的家政服务，这不是从自身出发的一厢情愿嘛。

面对市场，我们必须从用户的需求出发，找到用户在家政服务上的痛点。先想想存量市场的用户面临着什么样的问题，如家政服务的专业性问题、安全性问题等；增量市场的用户面临着什么样的问题，如性价比的问题、心理认知或者压力的问题等。再想想对于这些问题，目前市场上有没有人提供专业的解决方案，如果没有，市场就有机会。

如果增量市场的用户面临很大的认知问题，即不是用不起家政服务，而是没有这个认知，什么事情都自己做，但是他们本身其实并不喜欢做这些事情，那么我们就要努力塑造“替他做”的需求，说服这些人将家务交给家政公司。比如，打造“解放自己，让生活过得更精彩”的理念。广告的视觉场景可以是女主人自己做家务时面临种种烦恼，而找家政阿姨帮忙做家务后，女主人有了更多的时间做自己喜欢做的事情，如画一幅画、看一本书、喝一杯咖啡、和闺蜜谈心等。最后，广告语可以是：“用某8到家，解放自己，让生活从此过得更精彩。”

战略、产品、营销都是相统一的，都是基于满足用户的需求。战略是对未被满足的需求的定位，产品是满足这种需求的价值承载形态，营销是将产品价值和用户的这种需求连接起来，提醒用户并放大用户的痛点，给用户一个购买理由。

这里特别声明一点，本书所讲的营销定位和市场上多数课程讲的营销定位截然不同，一般的营销定位都会讲什么产品定位、用户定位、市场定位、渠道定位等，而我们只讲产品价值和用户需求的匹配，就是告诉消费者我是谁，我有什么价值，我解决了消费者的什么需求和痛点。之所以如此不同，一是因为本书是以系统性的方式讲解商业体系的，营销定位有营销定位专门解决的问题，而且涉及的产品定位、用户定位、市场定位、渠道定位等问题也都分别由不同的商业知识板块来解决，如用户定位、市场定位是战略定位要核心解决的问题；二是营销本身就是商业的一个局部，从一个局部入手是不能解决商业问题的，要想营销行为有效，就必须从商业整体入手，所以，市场上多数课程讲的营销定位都会涉及战略、销售甚至商业模式的内容。

企业进行了产品价值的塑造和产品价值的宣传后，就进入了销售环节。销售的核心动作是进行有效的产品定价、渠道建设及降低购买成本。另外，不要执着于个人销售层面，因为企业的销售面对的是整个市场，不是一个顾客。很多创业者在个人销售的技术层面做功太多，这是没有抓住重心，属于本末倒置。

最后，有效销售的完成在于获得顾客让渡价值，即获得利润。一个没有获得利润的商业活动是失败的商业活动。市场运营的底层逻辑之一就是用产品创造“顾客总价值”，用销售降低“顾客总成本”，两者之间的差形成企业获得的“顾客让渡价值”。

讲完市场运营前后两条线，我们来看市场运营飞轮的落脚点——消费者。消费者的需求是市场生发的根本，市场运营的所有行为都是基于消费者的需求，没有消费者的需求就没有市场，没有市场就没有企业的市场运营行为。所以，一个企业市场运营的核心是对消费者需求的研究，如果没有吃透消费者需求，所有市场行为都是无用功。

市场运营飞轮以消费者需求为中心。也就是说，所有商业的基础都是消费者的需求，没有消费者需求就没有商业价值。

很多创业者把挣钱作为商业活动的目的，这是本末倒置。挣钱是一个商业结果，而不是起始的目标。基本的商业逻辑是：发现消费者未被满足的需求，提供合适的解决方案满足消费者的需求，从而实现价值交换，最终实现剩余价值的变现。如果以挣钱为目的，那么你所有的行为都将围绕挣钱展开，所有的行为也就变得极其荒唐，而最终这种以挣钱为目的，而不是以满足消费者的需求为出发点的商业行为都会落空。

另外，在新的商业环境（一方面是供需关系的改变，另一方面是和消费者互动的手段的改变，即互联网技术的出现）下，以消费者为中心这一点孕育出一种全新的商业思维，即互联网思维。

互联网思维是相对于传统商业思维而言的。传统商业思维的核心特点是以产品为中心，而互联网思维的核心特点是以用户为中心。互联网思维将过去从商品到人的经营过程，转变为从人到商品的经营过程。因为经营的逻辑变化了，经营方法也就发生了翻天覆地的变化。

但传统商业思维、互联网思维不是割裂和对立的，它们都脱离不了商业的本质，即满足消费者的需求。从时间维度来看，传统商业思维更像是物质不丰富条件下的一种过渡形态，而互联网思维更像是物质较丰富条件下的一种常态，也就是一个以产品为重点，一个以消费者为重点。

这里要特别强调一点，很多人把过渡形态的传统商业思维和传统的商业理论混为一谈，认为过去所有的商业理论都是陈旧的、过时的。当然有一些观念和理论确实是有点陈旧和过时，但是绝大多数商业理论仍然具有重要作用。那些鼓吹过时论的人，一种是想标新立异，引人注意；另一种是根本不了解传统商业理论，人云亦云。

在我看来，传统商业理论仍然是商业的根基，即便在当下的互联网时代，我们也不能抛弃这个商业根基，从这个根基里，我们仍然能吸收到足够多的商业养分。

传统商业理论和互联网思维就像是“1”和“2”的关系，有“1”才有“2”，“1”是根本，“2”是延伸。作为“2”的互联网思维看似更高明，但是这个“2”能不能存活下来，最终还是要回归到“1”，要依托于“1”。“2”始终是一个演化逻辑，而“1”才是逻辑的根本。“面”上的东西总是容易看到，但是作为根本的“道”却并不那么容易显现。作为创业者，你一定要懂得商业的基本逻辑和知识，而不能一味地鼓吹“面”上的东西。

因此，不能宣扬互联网思维就否定传统商业理论，说传统商业理论都过时了。问题是你可能都不曾了解过传统商业理论，谈什么过时。反倒是因为你缺少传统商业理论知识，会影响你更好地掌握从它衍生而来的互联网思维，这就好像是你没有商业认知根基，是不能凭空搭建商业大厦的。

我个人其实不太想谈互联网思维这个东西，因为当下年轻一代的创业者基本都懂这个，这就好像是常识一样的存在，没什么好谈的。需要学习互联网思维的大多是那些老一辈的商业成功人士，因为他们被过往的成功经验所束缚，但环境一变，过往经验便失效了，而他们自己又不能很敏锐地察觉以及找到应对的策略。

相比传统商业思维，互联网思维除了强调从人到商品的经营逻辑，还强调与人建立联系。一方面，过去你无法和用户建立长期的关系，每一次交易都是随机的，你并不能找到你的用户，而现在你必须和用户建立长期的关系，你可以通过互联网手段和用户随时建立联系；另一方面，过去你不了解你的用户，对他们只能画出一个大概的用户画像，而现在你通过掌握的数据，可能会比你的用户还要了解他们自己，这就更有利于经营你的用户。这些变化是自然而然发生的，在过去的传统时代，你想做到，但是技术不支持，现在技术条件满足了，自然也就实现了。

互联网思维带来的最大变化还是将过去从商品到人的经营过程转变为从人到商品的经营过程，而与人建立联系、深度接触用户，是实现从人到商品这一经营过程的一种工具而已。

经营的核心由经营商品转化为经营人，这是极不容易的，在商业实践上有着完全不同的技能操作要求。比如，吴晓波经营的社群围绕社群衍生出各类产品，像是吴酒、亚朵吴酒店投资项目等。过去我们是绝不会这么大跨度地经营内容的，但是经营人的逻辑就完全不一样了。

当然，像吴晓波的这种社群经营只是一种尝试，毕竟这是一个全新的玩法和思维模式。具体的玩法可能会有更多，如用户的股东化、用户的营销化、用户的销售化、用户对企业产品生产和经营过程的参与等。

小米玩的米粉社区就是让用户有参与感，通过经营人来经营产品。雷军总结自己的互联网思维是“专注、极致、口碑、快”，我觉得这不是根本。这些内容是经营的逻辑，放在传统商业思维中也没有问题，谈不上是互联网思维，小米真正的互联网思维应该是用户思维，就是经营人群，这才是小米的核心所在。所以，你才会看到小米前期的各种社群玩法，其实都是围绕经营用户展开；你才会看到小米后期的线下店，竟然会既卖家电又卖毛巾，简直是无所不包。这和过去经营商品的专卖店思路是完全不一样的。就像小米高级副总裁刘德说的，小米在用烤红薯的模式经营流量，就是炉子在烧水的时候，热量是多余的，多余的热量就可以拿来烤个红薯，不能让它白白浪费掉。

最后再强调一下，这个经营人的思维虽然很重要，但最终还是要回归到商品能否满足用户需求这个根本上，否则你就是经营逻辑转变多少次，也没有什么用。

第十三章

高效商业系统：打造你的企业超级战车

现在，我终于可以将这辆企业超级战车完整地交付给你了。我先是给那些繁杂的商业知识构建了一个知识框架，然后我从这个商业知识框架中抽象出了两个企业飞轮，最后我将企业发展的核心要素归纳为一个三角模型，即本书要打造的高效商业系统（见图13–1）。一个企业存在的目的就是获得市场的认可，最终实现自身发展。

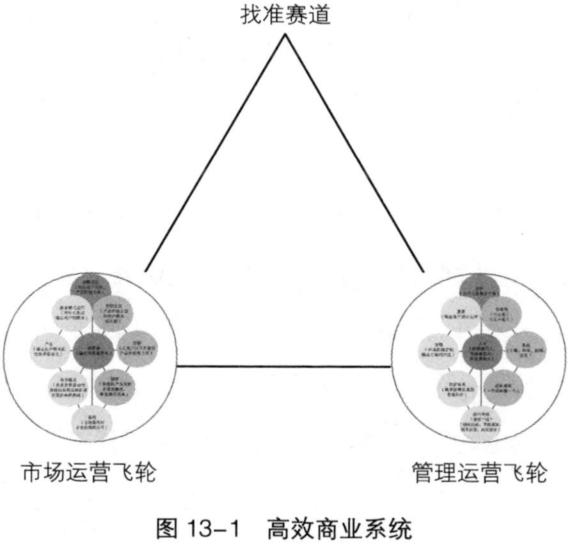

图13–1　高效商业系统

在我看来，企业要实现发展，首要的是找准赛道，这是企业最应该关注的事情，一句话就是：要顺势而为，不要逆势而动。

再者，就是创业者要学会构建管理运营和市场运营这两个飞轮。虽然将企业行为分为管理运营和市场运营两个部分，但是创业者要知道这两件事其实是一件事，企业所有的行为都是一件事，不要陷入只见树木、不见森林的状态。在创业者心中始终要有一个大局，就是企业总体目标的实现，所有的企业行为都是为它服务的。

这三个要素组合在一起后就成为一辆奔驰在大道上的战车，而你就是那个选择道路和设计、打造战车的人，目的是攻陷一座城池（市场），解救那些生活在水深火热中的人们（解决他们面临的困难和问题）。

在战车上路前，我们还要给它安装一个部件，即在两个飞轮之间加上一个“差速器”，而这个“差速器”就是企业战略。回归到我们起初的太极图，战略贯穿了企业的内外部管理，它是整个太极图之眼，负责整个系统的阴阳调和、内外调和，其重要作用不言而喻。

太极思维也是我整个商业思维的核心。企业内外部要实现动态平衡，要一体发展，不能脱节。组织和市场要相互匹配，不能是小市场大组织，也不能是大市场小组织，只有动态平衡的组织才能实现健康发展。战略就是管理运营和市场运营这两个飞轮中间的“差速器”，确保企业这辆战车的两个飞轮协调一致。

另外，我虽然用打造战车这个比喻来介绍企业发展要具备的条件和能力，但是你不要因为这个比喻而有了固化的物理机械思维。

首先，这辆战车是不断升级的。随着市场的不断变化，企业组织也在不断升级进化，它更像是一个动态的生物。

其次，不论是物理学、生物学还是热力学等，我都不认为它们是商业的底层支撑。只能说，这些学科的相关知识可以迁移到商业这件事上，也就是迁移借鉴。什么热力学熵增、什么物理学杠杆原理、什么生态学的生态系统等，这些都不是商业的底层支撑，只是一种可以借鉴的原理。

在我看来，商业的底层逻辑、第一性原理，说到底就是人性。从内部管理看，其核心是和人性进行博弈，需要思考如何顺应人性、趋利避害，激发人性的善意；从外部管理看，要满足市场上消费者的需求，更离不开对人性的洞察，例如，消费者需要什么，为什么需要，购买的驱动力在哪里，什么阻碍了消费者购买等，都涉及人性。商业的底层就是人，商业本身应该属于社会人文学的范畴，它是基于人在社会交往过程中的需求构建起来的。

归根结底，商业的第一性原理就是人性。一个商业高手不一定是一个物理学高手、生物学高手、军事学高手等，但是他一定是一个懂人性的高手。

太极思维和人性分别构成了我整个商业系统的底层支撑和第一性原理，但是这似乎还不够。人性是所有商业决策的出发点，太极思维是合二为一的整体运营思维，而商业的发展总是有阶段性侧重点的，如何准确抓住商业发展每个阶段的侧重点，从而做出正确的决策呢？最后我找到了矛盾论这个有利的武器。

最终，人性、太极思维、矛盾论三者构成了我整个商业系统的底层思维。这样就有了我们最后的底层思维三角（见图 13-2），用来支撑整个商业系统，使整个系统更稳定。

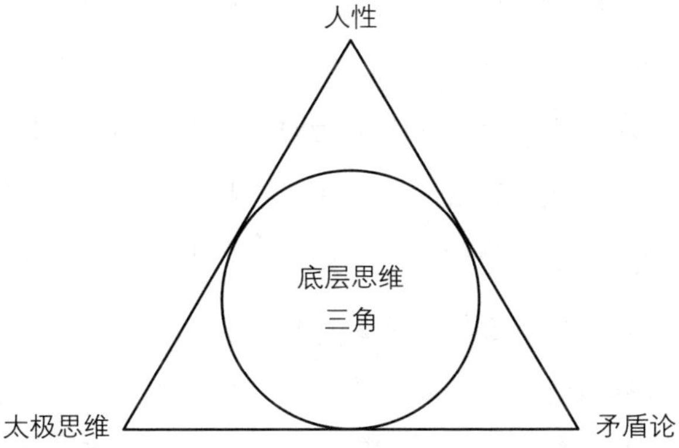

图 13-2　底层思维三角

人性是商业的第一性原理，这个上面有论述，不再赘述。

太极思维是整个高效商业系统运营的指导思想。根据这种指导思想，整个商业系统要达到阴阳平衡、内部和外部平衡、物质和精神平衡、业绩和文化平衡。而且这种平衡是一种动态平衡，而不是一种绝对平衡。整个创业或者管理的过程就是努力维持这种平衡的过程，不可顾此失彼，不可偏废。如果丧失平衡，整个系统将岌岌可危。

另外，还要看到阴阳是一体的，是一个事物的两个方面，统一是阴阳的根本。企业战略是协调和统一阴阳的关键，阴阳都要围绕这个点做功。阴阳之间是相生相克的。比如，过度追求物质会导致组织腐败，缺失战斗力，而通过精神层面的塑造，又能扭转这一局面，从而促进组织再次焕发活力。可见物质和精神既此消彼长，又共生共长。

矛盾论是中国共产党领导中国革命斗争取得成功的宝贵经验。其中，主要矛盾和矛盾的主要方面、矛盾的同一性和斗争性、矛盾的相互转化等内容，深刻地阐述了事物对立统一的规律。矛盾论在太极思维中也有体现，但是我单独把矛盾论拿出来作为整个商业系统的底层思维，这是因为矛盾论中关于主要矛盾和矛盾的主要方面的思想，对于企业运营，尤其是准确抓住企业运营不同阶段的主要矛盾、核心问题，有着十分重要的指导意义。

例如，华为在不同的发展时期就对主要矛盾、核心问题做出了精准判断。

华为在发展初期，企业规模小，外界竞争大，高手林立，华为面临的核心问题就是生存问题，生存下来是企业当时的第一任务。所以，华为当时的决策导向就是业务导向，业务在哪里，决策就在哪里，所有的管理都要围绕为业务开路来进行。当然，我们也要看到，虽然外部业务是当时的重心，但是也必须有内部管理的配套支持，如配套的公司机制、文化建设。华为的外部业务队伍之所以能够有效释放能力，正是因为内部管理提供了有效支撑。如果没有一定的“机制土壤、文化氛围”，也就没有外部业务的虎虎生威，即便这时的机制、文化还很不完善。

华为在进入高速发展期后，实现了“三分天下有其一”的目标，企业变得强大了、稳定了。但是随着企业规模的扩大，过去重业务、轻管理的模式就成为企业发展的瓶颈，而且企业面临的状况是“逆水行舟，不进则退”。这一时期企业的主要矛盾就开始由企业外部转向企业内部，如何有效管理成为企业面临的核心问题。这就开启了华为向 IBM 学习管理的对标过程。这一时期，华为的决策导向也从过去的业务导向变为流程导向，规范化管理成为华为发展的重心。

随着华为的日益强大，内部也产生了一定的官僚腐化问题，企业生存面临来自内部的重大挑战。面对企业发展新的主要矛盾、核心问题，解决方法还是回归到企业的内部，通过激发内部组织和个人的活力来实现外部的发展。这就有了任正非“反熵增”的提出，就是要通过“耗散结构”和“动态平衡”，实现组织活力的再次激发。

通过华为的例子，我们也可以简单总结出企业不同阶段主要矛盾、核心问题的特征。初创期企业的主要矛盾、核心问题就是生存；在企业扩张期，对外业务扩张虽然重要，但是内部的管理能力是不是能够满足业务扩张的需求才是根本，这一时期管理支持就是主要矛盾、核心问题；到了企业成熟期，旧业务已经达到巅峰，新的业务方向尚不清晰，但是内部怠惰氛围严重，企业的主要矛盾是解决内部的企业文化问题，打破旧的阻碍企业发展的企业文化和利益集团，塑造企业新的文化。

创业者在创业初期尤其要抓住业务发展这个主要矛盾，解决了这个主要矛盾，很多事情自然就破局了。我看到很多创业者因为业务长时间不能破局，转而把目光聚焦到企业内部，认为业务突破不了主要是管理问题没有解决，最终搞得鸡飞狗跳，一地鸡毛。

我认为太极思维、矛盾论和任正非所提的“灰度理论”有异曲同工之妙。它们的核心都是讲事物的“合二为一”，以及“矛盾的对立统一”。对于创业者而言，一定要避免绝对化思维，要知道在黑与白之间是有灰色存在的。如果能破除绝对化思维，创业的很多问题也就迎刃而解了。其实用什么样的词语表述这些概念并不重要，重要的是创业者是如何构建自己的底层世界观的，创业者只有构建起正确的底层世界观，才能使自己的事业获得更好的发展。